Fais-le pour toi

pendant

365 jours

Édition : Lucie Papineau
Direction littéraire : Claire Chabot
Maquette de la couverture et mise en pages : Axel Pérez de León
Photo de la couverture : Julien Faugère
Révision linguistique : Michel Therrien

Catalogage avant publication de Bibliothèque et Archives nationales du Québec et
Bibliothèque et Archives Canada

Dufort, Frédérique, 1995-, auteur
    Fais-le pour toi pendant 365 jours / Frédérique Dufort.
    Public cible : Pour les jeunes de 12 ans et plus.
    ISBN 978-2-89714-311-4

    1. Confiance en soi chez l'adolescent - Ouvrages pour la jeunesse. 2. Adolescents
- Morale pratique - Ouvrages pour la jeunesse. I. Titre.

BF723.S29D832 2018   j155.5'191   C2018-941634-3

LES ÉDITIONS DE LA BAGNOLE
Groupe Ville-Marie Littérature inc.
Une société de Québecor Média
1055, boulevard René-Lévesque Est,
bureau 300
Montréal (Québec) H2L 4S5
Tél. : 514 523-7993
Téléc. : 514 282-7530
info@leseditionsdelabagnole.com
leseditionsdelabagnole.com
Vice-président à l'édition :
Martin Balthazar

DISTRIBUTION EN AMÉRIQUE DU
NORD
Canada et États-Unis :
Messageries ADP inc.*
2315, rue de la Province
Longueuil (Québec) J4G 1G4
Pour les commandes : 450 640-1237
messageries-adp.com
* Filiale du Groupe Sogides inc. ;
filiale de Québecor Média inc.

© Les Éditions de la Bagnole, 2018
Tous droits réservés pour tous pays
ISBN : 978-2-89714-311-4
Dépôt légal : 3e trimestre 2018
Bibliothèque et Archives nationales du Québec
Bibliothèque et Archives Canada

Les Éditions de la Bagnole bénéficient du soutien de la Société de développement des
entreprises culturelles du Québec (SODEC) pour leur programme d'édition.
Gouvernement du Québec – Programme de crédit d'impôt pour l'édition de livres –
Gestion SODEC
Nous remercions le Conseil des arts du Canada de l'aide accordée à notre programme
de publication.

FRÉDÉRIQUE DUFORT

Fais-le pour toi

pendant

365 jours

LES ÉDITIONS DE LA BAGNOLE

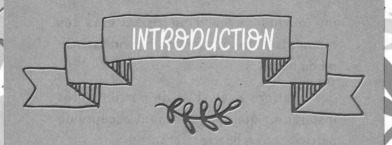

INTRODUCTION

Peu importe le moment de l'année où tu ouvriras ce livre, j'espère qu'il aura quelque chose de beau à t'apporter : des pensées pour t'inspirer et te motiver, un petit mot qui t'aidera durant les moins bonnes journées, une idée d'activité qui te permettra d'oublier le stress du quotidien ou, peut-être même, d'aider ton prochain.

Au cours de cette année, tu trouveras jour après jour :

* des pensées positives et stimulantes

* des moments « Fais-le pour toi »

* des « Petites actions qui produisent un grand bonheur »

* un journal de bord où tu noteras tes moments de motivation, de reconnaissance ou de fierté

* des citations exclusives de personnalités inspirantes qui ont gentiment accepté de participer à ce beau projet !

À la fin de ces 365 journées, j'espère que tu te sentiras fier de toi.

Bonne année !

Frédérique

6

PETITE NOTE:

Pour faciliter la lecture, j'ai utilisé la forme masculine qui inclut autant les gars que les filles. Parce qu'on a tous besoin de conseils de temps à autre !

 ## JOUR 1

J'espère que cette journée sera la première de 365 journées du tonnerre où tu choisiras de faire de tes rêves, de tes ambitions, mais surtout, de ton bonheur, une priorité ! N'attends pas après la vie et crée tes propres opportunités.

 ## JOUR 2

Écoute-toi pour une fois ; pas la petite voix qui te dit de faire des sacrifices alors que tu sais que tu n'en as pas envie ! Écoute ton cœur, suis ton instinct !

#FaisLePourTOI

JOUR 3

C'est bien beau écouter son cœur, mais il faut parfois écouter son estomac ! Ce carnet contient de l'inspiration, de la motivation et aussi quelques idées pour ton biiiidon !! Parce que FOOOD !!!

JOUR 4

Parfois il faut simplement

savoir **LÂCHER PRISE**

et laisser la vie

nous surprendre.

JOUR 5

INTÉRESSE-TOI SINCÈREMENT AUX GENS AUTOUR DE TOI.
Prends le temps de leur poser des questions, mais surtout, d'écouter leurs réponses. Tu verras le bien que ça fait.

JOUR 6

Faire semblant

d'être heureux est souvent

douloureux. C'est important de

PARLER DE SES PROBLÈMES

plutôt que de les garder en dedans.

JOUR 7

Réserve-toi du temps chaque jour pour faire quelque chose de nouveau, de drôle ou d'absurde : cuisiner une recette super compliquée, faire du yoga alors que tu crois détester ça, te parler dans le miroir en sortant de la douche, crier dans ton oreiller pour te défouler, plein de trucs comme ça. Sors de ta zone de confort et n'aie pas peur du ridicule !

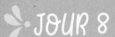

JOUR 8

Ne te couche jamais fâché.

JOUR 9

Soyons heureux

SANS LIMITE, mais

surtout, quand c'est le temps :

dans le présent !

JOUR 10

ENVOIE UNE LETTRE À QUELQU'UN.
Si tu savais à quel point ça rend heureux
de recevoir une attention surprise par la
poste ou sur notre bureau... Un petit mot
écrit à la main, ça fait toujours du bien.

 **JOUR 11**

Face à une difficulté, tu as le droit de te demander pourquoi ça tombe sur toi, de te plaindre et d'avoir envie d'abandonner. Tu as aussi le choix de te relever, de foncer et de surmonter cet obstacle, parce qu'au fond de toi, tu en es capable et tu le sais.

JOUR 12

La plus **BELLE** relation

qui soit devrait être

celle qu'on entretient

avec soi-même.

JOUR 13

Les portes vers
le **bonheur**
sont nombreuses,
il faut seulement
avoir **LE COURAGE**
de les ouvrir.

JOUR 14

Prends une feuille et écris tout ce que tu ressens. Mettre nos émotions sur papier nous permet parfois de mettre le doigt sur le bobo ou simplement de mettre l'accent sur ce qui est beau.

JOUR 15 journal de bord

MOMENT DE FIERTÉ

Pense à ce que tu fais au quotidien pour franchir des étapes ou faire un pas de plus vers tes rêves ou tes objectifs. En achetant ce livre par exemple, tu as CHOISI d'être inspiré et motivé pendant 365 jours. C'est souvent nos petites actions qui mènent à de grands résultats!

Je suis fier de moi parce que:

1. Je prend bien soin de Thom

2.

3.

 JOUR 16

TU AS LE DROIT

d'avoir une mauvaise journée,

mais les autres

ne sont pas obligés

de la **subir** aussi. ;)

 JOUR 17

SOURIS AUX GENS QUE TU CROISES DANS LA RUE !

Non seulement un sourire n'est jamais de refus, il te fera du bien et pourrait très bien changer le cours de la journée d'un inconnu !

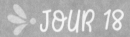

Sache que tu peux

surmonter

tous les obstacles si

tu prends les moyens

pour réussir et que tu

CROIS EN TOI!

Petit mot
de moi à toi

Salut ! Salut ! J'espère que
tu apprécies ce petit carnet
jusqu'à maintenant ! Que tu
sois de ceux qui le suivent
au jour le jour ou que tu
l'oublies de temps en temps
pour ensuite lire 4 pages
d'un coup (mon genre,
assurément !), l'important,
c'est que tu te sentes interpellé
et valorisé par son contenu,
peu importe le moment dans
l'année ou le nombre de
journées que tu as sautées. ;)

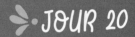

JOUR 20

Demande de l'aide quand tu en ressens le besoin.

JOUR 21

AFFRONTER

le changement,

c'est aussi s'ouvrir

aux possibilités

qui s'offrent à soi

quand on décide de

se faire confiance.

JOUR 22

❝ Je suis arrivé deuxième très souvent, mais je ne me suis jamais découragé et j'ai décidé de persévérer et de créer mes propres opportunités. En se posant trop de questions, on se met des barrières qui nous freinent alors que pourtant, on devrait foncer et s'amuser en même temps. Il faut arrêter de vivre dans la réflexion et plutôt vivre dans l'action. ❞

JÉRÔME COUTURE,
auteur-compositeur-interprète

© La petite photographe

 ## JOUR 23

Tu as le droit de faire

DES ERREURS ;

ça veut dire qu'au moins,

tu as essayé.

JOUR 24

FAIS LES PREMIERS PAS POUR RÉGLER UN CONFLIT. Je ne te dis pas de toujours t'excuser en premier, mais plutôt de laisser tomber la colère et d'avancer dans la bonne direction pour régler le problème. Même si ça ne règle pas tout, tu te sentiras mieux.

 **JOUR 25**

Aujourd'hui,

fais-toi

confiance

et **FONCE!**

Ça va bien aller !

JOUR 26

Fais une liste de 5 choses que tu as toujours voulu faire. Objectifs, rêves, petites actions, n'importe quoi qui te rendrait fier DE TOI ! ;)

1. _____

_____

_____

2. _____

_____

_____

3. _____

_____

_____

4. _____

_____

_____

5. _____

_____

_____

✺ JOUR 27

Ce n'est pas parce que tu n'es pas bon en maths que tu ne peux pas résoudre de problèmes dans la vie. Le nombre de fautes dans tes rédactions n'enlève rien à ton imagination. Tout dépend de la façon de voir les choses.

✺ JOUR 28

Si une pensée a le pouvoir d'ensoleiller la journée de quelqu'un, elle vaut la peine d'être dite. Que ce soit une citation ou un petit mot, on ne sait jamais le bien que ça peut faire.

GAGNE DU TEMPS :

Tu perds beaucoup de temps à faire défiler tes fils d'actualités sans vraiment les regarder ? Essaie d'en être conscient et choisis de faire autre chose à la place ! Tu gagneras non seulement du temps, mais aussi de bons moments.

JOUR 30 *journal de bord*

MOMENT DE RECONNAISSANCE

Prends le temps d'être reconnaissant des petites choses de la vie. Ça peut être aussi simple que le temps qui se réchauffe à l'extérieur, le soulagement d'avoir terminé l'examen qui te stressait tant (après, on croise les doigts pour le résultat!) ou quand ton nez débouche enfin après un rhume!

Je suis reconnaissant de petites choses comme :

1.

2.

3.

4.

5.

 **JOUR 31**

Chaque **VICTOIRE** est

importante, aussi petite soit-elle !

Prends le temps d'être fier de tes

accomplissements !

JOUR 32

Tu as le droit de te plaindre une fois, point ! Après, change de sujet, c'est fini ! Dès que le méchant est sorti, SOURIS !

Petit mot de moi à toi

Je le dis ouvertement: c'est en aidant les autres à s'accepter que j'ai tranquillement appris à appliquer mes propres conseils. Je l'admets, j'ai encouragé des gens à avoir confiance en eux alors que MA confiance en moi était à son plus bas. Je pense qu'à ce moment-là, je m'étais donné comme responsabilité de montrer qu'on pouvait arriver à s'aimer, et c'est à force de le répéter aux autres que j'ai fini par y croire moi aussi. Ne te décourage pas, c'est normal qu'il y ait des hauts et des bas dans la vie !

 JOUR 34

Tant qu'à être là à moitié,

mieux vaut prendre

le temps de **RECHARGER**

nos batteries pour être

présent à 100%.

 JOUR 35

Quand tout te semble noir ou

blanc, prends le temps d'apprécier

les **nuances** de la vie. C'est

dans celles-ci que se trouve toute

la **BEAUTÉ** de ton parcours.

 **JOUR 36**

MERCI LA VIE. Notre attitude est grandement influencée par notre degré de gratitude. Il faut reconnaître les belles choses et ne jamais avoir peur de dire « Merci la vie » lorsqu'elle nous sourit.

 **JOUR 37**

À quoi bon perdre du temps

alors que tu pourrais simplement dire

ce que tu ressens **VRAIMENT?**

Tu gagneras beaucoup plus

à communiquer qu'à te

faire de fausses idées et t'inquiéter.

JOUR 38

DONNER AU SUIVANT.
Pour plusieurs, cela peut se résumer
à donner de l'argent, mais sache qu'il
existe une autre forme de richesse : le
don de soi. Donner de son temps pour
aider son prochain n'a pas de prix.

JOUR 39

N'aie pas peur

de suivre

tes **INTUITIONS** :

elles ont

souvent raison.

 **JOUR 40**

Quelle est ta plus belle **qualité ?**

Comment peux-tu l'utiliser pour
AIDER des gens autour de toi ?

Est-ce qu'elle te fait « défaut »
parfois ? Des questions à te
poser afin de t'améliorer.

JOUR 41

C'est difficile d'avoir
CONFIANCE EN SOI
quand on en fait toujours trop
pour tout le monde,
mais qu'on a l'impression
de ne **jamais** en faire
assez pour personne.

 **JOUR 42**

Pense à quelque chose d'agréable pour toi en te réveillant le matin : une journée pour méditer et te relaxer, une autre qui commencera en prenant le temps de te faire un bon petit déjeuner, prendre une collation avant d'aller étudier ou travailler. Sois créatif !

 **JOUR 43**

Aucun **ÉCHEC** n'en est

vraiment un s'il te permet

d'apprendre

quelque chose.

JOUR 44

C'est important de

PRENDRE LE TEMPS

de savourer les petits

instants, justement

parce qu'il s'agit de

choses si **simples**

qui font pourtant

beaucoup de bien.

JOUR 45 journal de bord

MOMENT DE MOTIVATION

Pense à ta santé physique! Donne-toi des objectifs non pas demain, mais aujourd'hui : enfin vaincre cette satanée course navette, sortir ton vieux vélo ou simplement promettre à petit pitou qu'il ira marcher plus souvent (il ne dira pas non!). Non seulement tu pourras dépenser de l'énergie, tu pourras aussi TE dépasser!

Dans les prochains jours, je vais me donner le défi de :

1.

2.

3.

JOUR 46

PROPOSE DE PRÉPARER LE SOUPER pour quelqu'un que tu apprécies ou demande à un membre de ta famille de cuisiner avec toi. Si tu n'es pas très doué, au moins ça te permettra de t'exercer (et de ne pas tout rater). Au pire, concentre-toi sur le dessert. ;)

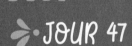

JOUR 47

Si vraiment tu veux montrer que tu as ta place dans un groupe, fais-le avec intelligence et avec respect. Être capable de réfléchir avant d'agir, ça, c'est fort.

JOUR 48

J'ai un conseil bien simple
pour toi, qui que tu sois !
Garçon ou fille, enfant,
adolescent ou jeune adulte :
apprends à demander conseil,
tout simplement. Ça semble
facile, mais NOOOOOOON.
Voici pourquoi. Il y a cette
chose qui naît pendant
l'enfance, s'amplifie à
l'adolescence et tend à nous
suivre toute notre vie. Cette
chose s'appelle « l'orgueil ».
C'est cette tendance à vouloir
tout faire soi-même, à vouloir
avoir l'air en contrôle aux
yeux des autres. Mais surtout,
c'est le besoin de prouver aux
adultes / à NOS PARENTS
/ à nos pairs qu'on est
autonome et qu'on peut tout

réussir seul, qu'on est fort et indépendant. La question à se poser est : aurait-on pu réussir si on avait accepté d'être aidé ? Ce qu'on ne réalise pas, c'est qu'en voulant être si indépendant, on se prive de l'aide précieuse d'une personne qui a peut-être les ressources dont on a besoin. C'est un conseil que je crois important de donner dans ce livre : il ne faut pas être gêné de faire appel aux autres pour mieux avancer. Je ne dis pas que chaque conseil fonctionnera pour toi, mais au moins, tu auras plusieurs choix à ta portée.

JOUR 49

Ne te sens pas mal d'être

heureux et de vouloir le crier

haut et fort. Au contraire,

le **BONHEUR** est fait

pour être partagé !

JOUR 50

Des fois, tu es tout ce que

tu as... Et, des fois, c'est tout

ce dont tu as **besoin.**

 JOUR 51

C'est facile d'en vouloir à

quelqu'un, mais c'est encore plus

COURAGEUX de lui pardonner.

Rappelle-toi que tu pardonnes autant

pour toi que pour l'autre.

 JOUR 52

FARNIENTE signifie douce oisiveté en italien. En d'autres mots, c'est l'art de ne rien faire... et d'en profiter. Réserve-toi du temps de FARNIENTE.

JOUR 53

DONNE-TOI DU TEMPS AVANT DE PASSER À AUTRE CHOSE.
Le but n'est pas d'avancer à regret en regardant tout le temps en arrière. Lorsque tu décideras de foncer de nouveau, tu le feras parce que tu es PRÊT à aller de l'avant.

JOUR 54

Tu es ton meilleur outil de travail et, lorsque tu réalises tout ce que tu peux faire avec un peu de volonté et de discipline, tu deviens une version incroyable de toi-même.

JOUR 55

❝ Au milieu de l'hiver, j'ai découvert en moi un invincible été. ❞

❝ Cette phrase d'Albert Camus est gravée dans mon cœur et m'a toujours inspirée. Elle me porte à croire qu'en chacun de nous, il y a une force insoupçonnée, une lumière dont on ignore l'existence, mais qui a pourtant le pouvoir de nous faire briller de mille feux. Il faut simplement avoir le courage de la laisser jaillir.

Même quand on croit qu'il n'y plus d'espoir, n'oublions pas qu'il y a ce merveilleux été qui se cache... en plein cœur de nous ! ❞

GUYLAINE TREMBLAY
comédienne

JOUR 56

LAISSE LA CHANCE aux autres de rayonner dans leur unicité et donne-toi aussi la chance de briller grâce à ta belle personnalité et à ton assurance.

JOUR 57

Ce n'est pas parce que tu es différent que tu ne peux pas accomplir de grandes choses dans la vie et surmonter les obstacles qui se dresseront sur ton chemin. Que tu subisses des refus, des commentaires négatifs ou de l'intimidation, sache que tu es tout aussi important que les autres et que toi aussi, tu peux y arriver.

JOUR 58

C e soir, c'est PIZZA NIGHT ! Acheter la pizza c'est bien, mais c'est encore mieux si tu la fais maison ! Succès assuré quand tout le monde met « la main à la pâte » ! ;) (Et si finalement, la pâte maison n'est pas mangeable... vous en riez et vous commandez... au moins vous aurez essayé, hahaha.)

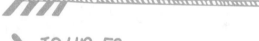

JOUR 59

Si tu **CROIS** que tu peux
y arriver, fortes sont
les chances que
tu trouves au moins
le courage d'essayer.

MOMENT DE FIERTÉ

Rappelle-toi tes victoires d'enfance. Tes médailles et trophées, la fois où tu as enfin traversé les *monkey bars* sans tomber (SOUVENIRS!!!), les peurs que tu as vaincues, etc. Des beaux souvenirs qui te feront réaliser que si l'enfant que tu étais pouvait réussir, tu le peux aussi aujourd'hui!

Je suis fier de « mini-moi » parce que :

1.

2.

3.

 ## JOUR 61

TU NE SAIS JAMAIS QUI TU POURRAIS AIDER si tu ne fais que donner aux autres la chance de s'exprimer. N'hésite pas à utiliser ta voix pour aider ceux qui n'osent pas parler.

JOUR 62

S ors tes vieux albums photo et remémore-toi de bons souvenirs d'enfance, seul ou en compagnie de tes proches.

Ne laisse **JAMAIS**

personne

te faire sentir

mal d'être

TOI-MÊME.

JOUR 64

Je vais prêcher pour ma
paroisse, mais si tu aimes ce
que tu lis, va donc faire un
tour sur faislepourtoi.ca et
inscris-toi à l'infolettre ! Je
ne suis pas toujours constante,
mais de temps en temps,
j'envoie des beaux messages
inspirants ! De là, la beauté
d'apprendre à faire de
son mieux !

JOUR 65

UTILISE LES ÉNERGIES D'UNE MAUVAISE JOURNÉE POUR ACCOMPLIR LES TÂCHES QUI FONT « SUER » : l'aspirateur, l'époussetage, le lavage, etc. Un deux pour un qui élimine autant la saleté que la négativité.

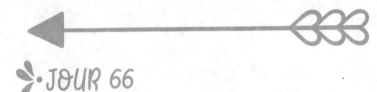

JOUR 66

Sortir de notre zone de confort, c'est transformer la peur en une dose de courage, c'est carburer à l'adrénaline, comme lorsqu'on sort d'un tour de manège et qu'on se dit : « YESSS ! J'avais peur, mais je l'ai fait ! »

 **JOUR 67**

Avec des amis, organisez-vous une sortie dans un centre de jeux d'évasion ! Plaisirs (et parfois frissons) garantis !

 **JOUR 68**

Partager son bonheur,

non par vantardise

mais dans l'espoir qu'il sera

peut-être **CONTAGIEUX.**

JOUR 69

Pourquoi s'empêcher de s'envoler pour des gens qui ont décidé de garder les pieds sur terre ? Continue de virevolter sans t'inquiéter de ce que les autres disent ou pensent : ils découvriront cette légèreté à leur façon.

JOUR 70

FAIS UNE ACTION QUI « RÉCHAUFFE ». Si tu as des vêtements que tu ne portes plus, n'hésite pas à les donner à un organisme qui vient en aide aux démunis. Une action qui réchauffe les autres et réchauffe le cœur.

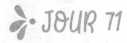 **JOUR 71**

Ce qu'il y a de plus

beau dans l'essai,

c'est **L'ESPOIR**

de réussir.

 JOUR 72

Prends un livre qui traîne chez toi depuis longtemps et donne-toi comme objectif de le lire prochainement (si ce n'est pas maintenant).

 ## JOUR 73

C'est important de se donner toutes les chances de réussir en travaillant fort pour avoir de bons résultats. Au bout du compte, l'important, ce ne sont pas les notes, mais bien ce que tu apprends et comment tu t'en sers par la suite.

 ## JOUR 74

ARRÊTE DE TE COMPARER AUX AUTRES ! Tu devrais te concentrer sur tes résultats, pas sur ceux des autres ! Il faut que tu apprennes à reconnaître TES capacités et TES efforts, et non que tu te dénigres en te comparant au voisin.

JOUR 75 journal de bord

MOMENT DE RECONNAISSANCE

Prends le temps d'être reconnaissant envers les bonnes personnes qui sont dans ta vie, que ce soit des parents, des amis, des membres de ta famille ou d'autres personnes qui te font te sentir bien et qui te soutiennent. Ils sont aussi capables de te remettre à ta place au besoin et se permettent de rire de toi, avec toi. ;)

Je dis merci à :

1.

2.

3.

4.

5.

La différence,

elle est partout :

dans les goûts,

les comportements,

le physique, la tête,

mais surtout,

 dans **LE CŒUR.**

JOUR 77

66 Quand tu as une idée, ne laisse personne te décourager ! Trouve plutôt des gens qui aiment les mêmes choses que toi et t'encouragent à suivre cette petite voix qui te dit que ce dont tu rêves, ce n'est pas si fou que ça !! 99

ALEXANDRA LAROUCHE
youtubeuse

© Audrey Ménard

JOUR 78

OUBLIE TON TÉLÉPHONE À LA MAISON VOLONTAIREMENT ou mets-le en mode avion pour ne pas être dérangé au moins une heure dans ta journée. Pendant cette heure, fais quelque chose POUR TOI !

JOUR 79

C'est en semant de belles idées de réussite dans ta tête qu'un jour tu parviendras à en faire ta réalité. Pourquoi ? Parce que tu seras convaincu que tu l'as mérité, compte tenu des efforts que tu auras faits !

 **JOUR 80**

C'est normal de tomber de temps à autre, mais tu trouveras tranquillement le courage de te relever et, lorsque ce sera fait, prends une grande inspiration et laisse cette défaite derrière toi plutôt que de ressasser des pensées négatives.

 JOUR 81

L'important n'est pas le temps

que ça te prend, mais bien

la qualité du résultat en

tenant compte de tes capacités !

JOUR 82

Je sais à quel point ce peut
être difficile de vivre avec
cette petite boule d'anxiété
qui se pointe le bout du nez
sans prévenir... Si c'est ton
cas, sache que tu n'es pas
seul dans ton combat ! On
se met tellement de pression
qu'on finit par créer nos
propres démons. Quand tu
sens que l'anxiété commence
à t'accaparer, respire à fond,
essaie de te changer les idées,
mais sache que c'est correct
aussi de la laisser gagner
parfois. Vivre son anxiété
et l'extérioriser, c'est aussi se
donner les outils pour mieux
se relever par la suite.

 JOUR 83

Prends une grande inspiration,
puis expire trannnnnquillement !
Ça fait du bien de prendre le temps
de s'arrêter pour respirer et se calmer.

 JOUR 84

En théorie, il faut apprendre

pour mieux **comprendre**,

mais en pratique, il faut partager

cette connaissance pour mieux

SE comprendre en tant qu'individus.

JOUR 85

On n'est jamais immunisé à 100 % contre les méchancetés, mais, si tu te donnes la force de croire en toi, tu sauras prouver à toutes ces personnes qu'elles ont tort de te sous-estimer.

JOUR 86

Tu te scrutes sans arrêt pour être certain de bien paraître ? Mais combien de fois t'arrêtes-tu pour te dire que ton sourire ajoute à ta beauté, que tes yeux pétillent ou que tu dégages une belle énergie ? Essaie de le faire régulièrement. Qui sait, en remarquant plus souvent tes qualités, aussi petites soient-elles, tu auras moins tendance à te critiquer.

 ## JOUR 87

Ton pire **ENNEMI,**

ce n'est pas les autres,

c'est la petite voix dans

ta tête qui te dit que

c'est impossible.

JOUR 88

OFFRE-TOI UN CADEAU
« De moi à moi, avec amour ».
Pas besoin de raison précise, tu
mérites de te faire plaisir, c'est tout !

JOUR 89

Cet amour que tu dois avoir pour toi-même, tu ne peux pas l'inventer ou faire semblant de l'avoir. Tu dois le bâtir, tranquillement, mais sûrement, et un jour, tu verras, tu le ressentiras.

JOUR 90 journal de bord

**Tu penses en termes de COMMUNICATION!
Ose parler et dire le fond de ta pensée tout en
respectant l'autre. Ce n'est pas facile de dire
des choses qui pourraient déranger, blesser
ou surprendre, surtout si tu t'adresses à une
personne très proche de toi. Mais ça soulage
surtout quand tu atteins ton but de le faire
dans le respect. Vas-y! Exprime-toi!**

Dans les prochains jours, je vais oser dire:

1.

2.

3.

 JOUR 91

Se refuser **UN RÊVE**

ou se dire à l'avance que

c'est trop difficile,

c'est accepter

la défaite sans se donner

la chance d'essayer.

JOUR 92

Petit mot de moi à toi

Appelle un membre de ta famille pour prendre de ses nouvelles.

Si tu savais à quel point ça rend ma grand-mère heureuse quand on se parle au téléphone, ne serait-ce que pour qu'elle me raconte ses parties de bingo et ses potins de résidence! Au final, ça me fait tellement sourire de l'écouter me dire que les «cahiers» sont truqués alors qu'il s'agit d'un boulier tourné au hasard! :P

JOUR 93

N'aie pas peur de compter sur tes amis ou tes proches si ça va moins bien. Il ne faut pas avoir honte de demander de l'aide, au contraire, car les vrais amis sont là pour te soutenir dans les bons comme dans les mauvais moments. C'est important que tu te confies si tu en ressens le besoin plutôt que de tout garder en dedans.

JOUR 94

Plutôt que de faire semblant

d'être positif quand ça va mal,

peut-être faudrait-il **APPRENDRE**

à l'être quand ça va bien ?

 ## JOUR 95

Ce n'est pas ton orgueil qui te donnera toutes les réponses à tes questions. Même si tu as, comme moi, une tête de cochon, tu dois par moments apprendre à la mettre de côté – pas ta tête au complet ni ta faculté de raisonner, juste ton côté obstiné – et accepter que certaines personnes sont là pour t'aider !

JOUR 96

En essayant d'avoir trop de **CONTRÔLE** sur nos vies, on oublie à quel point c'est important (et stimulant) de le perdre parfois.

JOUR 97

Tu sais, les petites insultes subtiles ou même involontaires qui nous frustrent. Eh bien, chaque fois que tu en reçois une, essaie d'en rire ou de t'imaginer ce que tu «voudrais répondre», même si tu sais que TOI, tu ne le ferais pas. Parce que TOI, tu réfléchis avant de parler. Mais ça fait du bien d'imaginer les réactions.... XD

«Encore célibataire?

BIN OUI, toi, toujours pas de vie?!»

«As-tu perdu du poids? Ça te va tellement mieux, tu t'étais laissé aller.

Essaie, toi aussi tu pourrais!»

Des gens qui manquent de tact, il y en a en TABAROUETTE et tu ferais mieux de te défouler intérieurement pour faire sortir le méchant plutôt que de tout accumuler et finir par leur accorder le pouvoir de détruire ta confiance. Mieux vaut en rire qu'en pleurer -> même si ça prend parfois du temps à digérer.

 ## JOUR 98

**ARRÊTE DE RESSASSER
LE PASSÉ.** Ne te fais pas de mal
pour rien en allant voir *(stalker)* son
profil si tu te doutes que tu n'aimeras
pas ce que tu y verras... Fais-le pour
toi ; ne le fais pas ! On se comprend ! ;)

JOUR 99

Sache que c'est CORRECT d'avoir mal et de
le dire. Il faut laisser sortir la colère, mais aussi
trouver des solutions pour se changer les idées
après une grosse déception.

Se **critiquer**

constamment ne

règle pas le problème.

Parfois, il faut savoir

se **PARDONNER,**

tout simplement.

 ## JOUR 101

Plutôt que de faire semblant, peut-on apprendre à s'aimer comme on est, en priorisant la santé plutôt que la beauté ? Faire du sport par plaisir et non seulement pour brûler des calories. Bien manger et faire des choix santé, mais aussi écouter nos envies et ne pas culpabiliser si on a envie de sucreries. Se regarder dans le miroir et se dire qu'on est beau plutôt que d'analyser ce qu'on considère comme des « défauts ». Sur ce, je te souhaite une journée DE TOUTE BEAUTÉ !

 **JOUR 102**

CONFRONTE-TOI ! Tu sais, cet orgueil qui décide parfois pour toi ? N'aie pas peur de l'écraser lorsque tu sens qu'il essaie de te gérer.

 **JOUR 103**

Certaines personnes passeront en coup de vent, tandis que d'autres resteront très long-temps. Elles auront toutes, à leur manière, un effet sur ta vie, qu'il soit minime ou vraiment marquant.

JOUR 104

Q uand tu te sens stressé,
ferme les yeux et imagine-toi
dans un endroit que tu as déjà
visité et où tu t'es senti bien,
apaisé, aligné. T'y projeter t'aidera
à retrouver cet état d'esprit.

JOUR 105 *journal de bord*

MOMENT DE FIERTÉ

Pense à tes performances, MAIS ne te concentre que sur tes meilleurs résultats! Oublie la matière qui te fait suer, les enfants qui ne te prennent pas au sérieux parce que ton nom de moniteur est « Calinours » au camp de jour ou le but que tu as raté. Pense plutôt à la présentation que tu as faite comme un pro, au petit pou que tu as consolé ou à la médaille d'or que tu vas gagner à la fin de la saison, parce que tu auras persévéré! Sois fier de tes forces, mais surtout, de tes efforts pour réussir!

Je suis fier de moi parce que:

1.

2.

3.

JOUR 106

Investis dans tes **RÊVES**, crois-y dur

comme fer et poursuis-les jusqu'au

jour où tu pourras fièrement

dire : je l'ai fait, alors que personne

d'autre que moi n'y croyait.

JOUR 107

On m'a dit un jour : « Si tu ne t'es jamais
plantée, c'est que tu n'as jamais rien essayé. »
Alors, fonce ! Le pire qui peut arriver, c'est que
tu tombes pour mieux te relever.

77

JOUR 108

Honnêtement, je ne veux pas te décourager, mais, lorsque j'ai décidé de m'assumer et de me faire respecter pour celle que je suis, ça a été un tourbillon de changements et c'était LOIN de n'être que du positif! On a parlé dans mon dos, on m'a critiquée, j'ai même réussi à me faire détester, mais tu sais quoi? J'avais besoin de ça pour réaliser quelque chose de très important: rien ne peut m'arrêter. Je sais que c'est loin d'être terminé, que je devrai constamment vivre avec la critique et que je devrai trouver un moyen de me protéger lorsque ma confiance sera ébranlée, mais je me ferai le plaisir de répondre que ce que je fais, je le fais pour moi et pour personne d'autre.

JOUR 109

Quelqu'un qui se sert de ses forces pour aider les plus faibles est bien plus courageux qu'un groupe de personnes qui utilisent les faiblesses des autres pour prouver qu'elles sont fortes.

JOUR 110

OSE FAIRE PREUVE DE VULNÉRABILITÉ. Tu n'es pas invincible et tu n'as pas besoin de te montrer fort constamment. C'est faire preuve de force que d'oser parler de tes problèmes aux autres et leur demander conseil. Tu as tes faiblesses et c'est courageux d'en parler... mais surtout, ça fait du bien.

JOUR 111

❝Ici Pascal Morrissette,
AKA un gars heureux.

Si mes mots peuvent
inspirer ne serait-ce qu'une
seule personne ou MÊME un
animal, j'aurai gagné!

Je vais être honnête avec vous,
quand j'étais plus jeune, dans
un quartier chaud de Montréal,
avec ma mère monoparentale,
je n'avais PAS tout ce qu'il
fallait pour réussir dans la
vie. J'ai acquis chaque outil
durant mon parcours. Ma famille
n'avait pas la richesse, ni un
niveau élevé de scolarité ni
de contacts dans mon domaine

rêvé. Je partais de... 0.
J'oserais même dire de −10.

J'ai décidé d'écrire une nouvelle
page dont j'allais être le héros.

J'ai emprunté des outils à
des enseignants inspirants, à
des intervenants à la maison
des jeunes, à des amis et
j'ai foncé dans le tas, sans
JAMAIS regarder en arrière.

Si vous avez un but, un projet,
ou même une idée, allez jusqu'au
bout. N'abandonnez pas en
chemin! Des fois, le résultat
sera poche (oui, je me suis
planté quelques fois), mais
vous l'aurez fait à 100 %. Peu
importe ce que vous voulez
faire, plus vous consacrerez
d'énergie pour y arriver, plus

vous aurez de chances d'y arriver. L'équation est aussi simple que ça. (Croyez-moi, j'ai mes mathématiques 436 !)

Soyez GOSSANT, tellement vous croyez à vos projets !

Si vous n'êtes pas capable de vous convaincre vous-même, ce sera encore plus difficile de convaincre le monde entier.

Votre ennemi numéro 1 : la facilité. Elle ne mène pas au sommet et quand on monte une montagne, le plus beau point de vue est en haut. Ça ne sert à rien de monter et d'arrêter au milieu... y a juste des arbres pis 2-3 écureuils.

Plusieurs personnes ne croyaient pas que j'allais réaliser mon rêve, mais quelqu'un de très important pour moi n'a jamais arrêté d'y croire... MOI.

Foncez, pis ayez donc du fun avec ça! 99

PASCAL MORRISSETTE
animateur

© Kevin Millet

 **JOUR 112**

S'il fait beau dehors (et un tantinet chaud), sors prendre un peu de soleil ! (Ou plie le coin de la page et reviens-y quand l'été aura décidé de se pointer le bout du nez !)
La vitamine D a des vertus incroyables pour la concentration, la relaxation, et le soleil te donnera un petit teint ! ;)

 JOUR 113

Être reconnaissant

des petites choses de la vie,

c'est s'ouvrir à un **BONHEUR**

encore plus grand.

84

JOUR 114

REMERCIE UN AMI QUI T'A AIDÉ RÉCEMMENT.

Le plus beau que tu puisses lui offrir
est ta reconnaissance et ta gratitude.

JOUR 115

Il y a toutes sortes de plateformes sur les-
quelles tu peux trouver des conseils et des
personnes qui voient les choses d'un œil différent. Et des fois, c'est un autre point de vue
qui peut clarifier bien des choses pour toi.

Laisser sortir quelques larmes est une merveilleuse façon de se libérer de toute la pression qui écrase nos épaules. Et ça vaut aussi bien pour les filles que pour les garçons !

**Petit mot
de moi à toi**

Je sais que je te l'ai déjà dit,
mais je vais te le répéter :
apprends à dire non aux
autres pour mieux te dire
oui à toi-même. Je sais que
c'est difficile, qu'on a peur de
décevoir ou de déplaire, mais
c'est tellement important
de penser à soi de temps
en temps ! (Dit la fille qui
fait des crises de panique
parce qu'elle a accepté trop
de soupers dans la même
semaine, alors qu'elle a juste
envie de se coller contre son
chien en regardant la télé...
Right here !)

 ## JOUR 118

DIS BONJOUR OU SOURIS QUAND TU CROISES QUELQU'UN DANS LA RUE. Tous ces gens qui regardent par terre et s'ignorent mutuellement, c'est démoralisant. Tu ne perdras rien en souhaitant à quelqu'un de passer une bonne journée et tu donneras peut-être à cette personne le petit sourire dont elle avait besoin.

 ## JOUR 119

Accorde-toi la chance de ne

pas chercher à savoir exactement

tout ce qui t'attend. Concentre-toi

sur le **PRÉSENT** et profites-en !

MOMENT DE RECONNAISSANCE

Rappelle-toi tes fous rires. C'est quand la dernière fois que tu as ri à en avoir mal au ventre ? Mais surtout, avec qui as-tu partagé ces moments hilarants ? Qui sait, peut-être en rirez-vous autant des mois ou même des années plus tard !

À qui devrais-tu écrire « Te rappelles-tu la fois où... » ?

1.

2.

3.

JOUR 121

Commence ta journée avec un bon smoothie fait maison ! Rien de mieux pour mettre du soleil dans ce début de journée ! Pour plus d'intensité et de goût, ajoutes-y un peu de gingembre !

JOUR 122

Le miroir peut te montrer ton

apparence physique, mais il ne peut

pas refléter toutes les **QUALITÉS** qui

font de toi une personne attachante

et véritablement BELLE.

JOUR 123

Si on prenait le temps

d'apprécier

les bons moments,

peut-être accorderions-nous

moins d'importance à ceux

qui nous insécurisent.

 JOUR 124

SOIS SPONTANÉ! La vie peut
être un tourbillon qui nous entraîne
et nous étourdit, alors essaie
d'intégrer quelques nouveautés
et des moments spontanés dans
ta vie pour ne pas rester pris
dans une routine qui t'ennuie.

JOUR 125

En se mettant

de la **PRESSION**

constamment, on finit

par se décevoir

continuellement.

JOUR 126

C'est important de bien s'entourer et de communiquer, mais parfois, ça fait aussi du bien de s'isoler un peu et de ne pas se sentir obligé de faire la conversation !

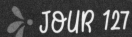 JOUR 127

C'est en acceptant

d'être déstabilisé par de

nouveaux **DÉFIS** qu'on

ouvre des portes qui

nous étaient auparavant

inaccessibles : celles qui sont

imprévisibles !

JOUR 128

Enfant, j'ai un jour colorié une demi-Tic Tac avec un crayon rouge pour la mettre sous mon oreiller. Pas folle, la jeune ! Je pensais qu'il y avait de l'argent à faire avec elle ! Eh bien, la fameuse fée n'était pas folle non plus et n'y a pas cru pour deux cents (touloum tshhh). À l'époque, je ne comprenais pas pourquoi ça n'avait pas fonctionné... mais aujourd'hui, cette anecdote me permet de présenter une métaphore qui explique que du faux n'attire pas du vrai. Une fausse dent n'attire pas de vrai argent, tout comme faire semblant d'être positif ne nous amène pas à l'être pour autant.

JOUR 129

FAIS DES CÂLINS aux gens
que tu aimes : ça fait du bien de
se serrer dans nos bras. Et des
études le prouvent en plus, alors
on serait fous de s'en priver.

JOUR 130

Quand la vie ferme des portes ou

nous les claque au visage, c'est parce

qu'une meilleure **DESTINATION**

nous attend, même si c'est

difficile à croire sur le coup !

95

 ·JOUR 131

Donne-toi le droit de ne pas toujours être au meilleur de ta forme. Tu n'es pas invincible, personne ne l'est.

 ·JOUR 132

PRENDS LE TEMPS DE VIVRE, TOUT SIMPLEMENT. Arrête de te précipiter et valorise plutôt le temps de qualité. Seul, en famille ou entre amis, c'est bon pour tout le monde.

 JOUR 133

Laisse la **CURIOSITÉ**

te guider. Elle sait

quel chemin emprunter

pour t'émerveiller.

 JOUR 134

Fais tomber

les **barrières**

du ressentiment

et pardonne pour

AVANCER librement.

❧ JOUR 135 journal de bord

MOMENT DE MOTIVATION

Ose parler à quelqu'un que tu croises souvent mais à qui tu n'as jamais vraiment adressé la parole : un collègue, ton *crush/kick*, quelqu'un qui est souvent dans son coin et ne parle pas beaucoup... Dis-toi que si tu brises le malaise, les autres seront plus à l'aise, et tout le monde sera moins « mal à l'aise ! » (y a bin du malaise quand on n'ose pas se parler XD).

Dans les prochains jours, je vais parler à :

1.

2.

3.

JOUR 136

Il est prouvé que, lorsqu'on sourit, on motive notre cerveau à être heureux. Ça peut avoir l'air fou de sourire seul devant ton miroir, dans ta chambre ou même à la bibliothèque de ton école, mais le pire qui peut se produire, c'est que tu ries de toi-même.

JOUR 137

On cherche trop souvent à mettre le doigt sur la formule parfaite du bonheur, alors que celui-ci se trouve dans tous ces petits instants où l'on se sent « aligné » et où on a l'impression de faire quelque chose d'important pour soi ou pour les autres.

JOUR 138

ARRÊTE D'ÊTRE L'AMI TROP GENTIL. Essaie de te détacher des personnes qui tiennent ton amitié pour acquise ou te déçoivent souvent. Tu ne le réalises peut-être pas, mais c'est épuisant de ne pas se sentir apprécié.

 ## JOUR 139

C e beau sentiment d'être « dans la lune » ? Profites-en ! C'est relaxant de fixer le vide un moment.

JOUR 140

Quand on est pris dans un tourbillon négatif, qu'on a l'impression que ça ne finira jamais de « mal aller » et qu'on a de la difficulté à voir clair, c'est rassurant de se faire rappeler qu'on peut s'en sortir. C'est difficile de se convaincre qu'on est capable de surmonter les obstacles lorsqu'on est trop préoccupé à les analyser et à en faire des montagnes.

Des fois, on a besoin de l'entendre de quelqu'un d'autre pour y croire.

C'est comme le câlin dont on avait besoin lorsqu'on était enfant et qu'on venait de se blesser.

C'est la petite tape dans le dos pour nous encourager qui n'est jamais de trop.

C'est cette petite voix qui te permettra de prendre l'autobus le matin sans la crainte de te faire dévisager en te rendant à ton siège.

C'est la petite voix qui calmera ton cœur qui s'emballe avant cette présentation orale ou cette audition.

C'est elle qui agira comme un baume sur ton mal lorsque tu auras l'impression que ton monde s'écroule après un échec ou une déception.

C'est la pensée qui te poussera à avancer même si la peur te freine dans ton élan.

C'est elle qui t'aidera à dépasser tes limites, mais aussi qui te rappellera de te calmer et de prendre du temps pour toi.

C'est la petite voix qui t'aidera à te relever après être tombé.

C'est elle qui te fera réaliser que les choses qui t'ont blessé t'ont aussi permis de devenir qui tu es.

J'espère qu'au moment où tu liras ces mots, je serai la petite voix qui te rassurera et qui t'aidera à y croire.

Pour vrai. Ça va aller.

JOUR 141

Être heureux

est un choix :

tout dépend de

notre **ATTITUDE.**

JOUR 142

OUVRE LA PORTE POUR QUELQU'UN. Tu auras sûrement droit à un « merci », mais si ce n'est pas le cas, dis-toi que tu lui as évité une porte qui « aurait pu l'assommer ». ;)

On cherche tous

à trouver du

réconfort

et de l'assurance à

l'extérieur de nous,

mais ce qu'on ne

réalise pas, c'est que

la **CONFIANCE**

part de soi !

JOUR 144

❝ Personne ne peut diriger le vent, mais on peut toujours apprendre à ajuster ses voiles.

Un matin à la radio, nous parlions d'épreuves difficiles à surmonter ; nous venions de perdre la mère de ma conjointe — nous l'hébergions pendant ses traitements de chimiothérapie. Ma conjointe était alors enceinte de 8 mois... Une auditrice a appelé et m'a marqué à jamais en disant ceci : On ne contrôle pas tout dans la vie, mais on peut toujours s'ajuster. Depuis ce jour-là, à la maison, nous voyons la vie différemment. ❞

© Mariphotographe

JONATHAN ROBERGE
humoriste, acteur, réalisateur, animateur radio

JOUR 145

Ne lâche pas!!! Je sais que ce n'est pas toujours facile et que des fois on aurait envie d'abandonner, mais imagine à quel point tu seras fier de toi si tu persévères! Moi-même, j'ai souvent voulu abandonner en écrivant; je me disais que mes idées n'étaient pas assez bonnes, que j'en avais assez de performer, que j'étais fatiguée. Mais je sais aussi que le jour où ce livre sortira, je repenserai à tous ces moments d'épuisement en me disant qu'ils en valaient grandement la peine. Ne te décourage pas: la plus belle réussite est que tu sois fier de toi.

JOUR 146

À GO, tu te dis que
tu es **extraordinaire**
et que personne
ne peut t'arrêter !
1... 2... 3... GO !

 JOUR 147

Combien de fois allons-nous à des soupers ou des événements par obligation ? C'est le temps d'organiser une soirée avec les gens que tu as VRAIMENT envie de voir !

JOUR 148

La vie, c'est l'art de doser  **sagesse** et folie, logique et imagination, science et philosophie. À toi de trouver **L'ÉQUILIBRE** parfait.

JOUR 149

PRENDS LE TEMPS DE T'APPRÉCIER POUR TOUT CE QUE TU ES.
Ce n'est pas facile d'évoluer dans une société où les réseaux sociaux sont un outil de comparaison plutôt que d'appréciation. Sache que ce que tu es, ce que tu dégages, même tes défauts, c'est ce qui fait de toi une BELLE personne !

JOUR 150 *journal de bord*

MOMENT DE FIERTÉ

Pense à ce que tu fais au quotidien qui semble banal mais qui a un impact. Sortir les vidanges, faire la vaisselle, aider au ménage de la maison, pelleter l'hiver ou arracher les mauvaises herbes l'été. Toutes de petites choses qui ne se font pas toutes seules, mais qui font toute la différence !

Je suis fier de moi parce que :

1.

2.

3.

JOUR 151

Ose faire des choses SEUL.
Aller au cinéma, au restaurant,
au spa... tu as le droit de te gâter sans
nécessairement être accompagné !

JOUR 152

En lien avec la petite action d'hier : ça fait tellement du bien de faire des choses seul alors qu'on est « habitué » de les faire en groupe. Et tu sais quoi ? C'est vraiment moins gênant qu'on le croit et on finit par apprécier sa propre compagnie. Ce sont les autres que ça met mal à l'aise, parce qu'ils ne comprennent pas nécessairement qu'on puisse être bien avec soi-même ! Essaie, tu verras !

 JOUR 153

Prends le temps de découvrir qui tu es et reste fidèle à toi même. Il y aura toujours des gens pour te juger ou te critiquer, mais toi seul sais qui tu es vraiment !

JOUR 154

RESPIRE profondément et

change-toi les idées, car la recherche

constante de **performance**

peut entraîner des résultats

contraires à ceux espérés.

 **JOUR 155**

APPRÉCIE LES PETITES CHOSES DE LA VIE!

Le distributeur automatique qui te donne non pas un mais deux sacs de chips... BOUYAAA!!! DU GROS BONHEUR dans une petite surprise!

JOUR 156

Tu mérites de **vivre** de belles choses et c'est encore plus important de pouvoir les **PARTAGER** avec les personnes que tu aimes.

JOUR 157

Laisser tomber

le **jugement**,

c'est te donner la

chance de vraiment

DÉCOUVRIR les gens.

JOUR 158

C'est bien beau être motivé, mais des fois il faut aussi trouver des techniques pour se calmer ou décompresser. Écoute de la musique de relaxation, que ce soit du classique, des chants d'oiseaux ou des bruits de ruisseaux. Laisse-toi bercer par elle.

JOUR 159

Sache que ce n'est pas
un défaut de penser
DIFFÉREMMENT :
au contraire, peut-être
aideras-tu bien des gens
à y voir plus clair.

JOUR 160

DONNE AU SUIVANT, LITTÉRALEMENT. Si tu vas dans un café, paie le café à la personne qui attend derrière toi ! J'ai souvent entendu dire que les gens le faisaient au service à l'auto, simplement pour donner au suivant. Je NOUS donne le défi de le faire prochainement.

 JOUR 161

Prends un bain... c'est le fun, un bain. Ça fait du bien, un bain. Je sais, je suis « BAIN » convaincante.

 JOUR 162

Avant de faire des reproches à quelqu'un, tu dois prendre le temps d'analyser ton attitude : on reproche souvent aux autres des choses qu'on fait soi-même sans s'en rendre compte.

JOUR 163

Tu peux complètement

ASSUMER la personne

que tu es, avec tes défauts,

tes qualités et ton

petit côté *weird* : on est

tous *weird, anyway.*

 JOUR 164

LAISSE UNE PETITE PENSÉE CACHÉE. Que ce soit un petit mot d'amour, une note joyeuse, un petit dessin ou une lettre d'encouragement, ça met du bonheur dans une journée.

JOUR 165 journal de bord

MOMENT DE RECONNAISSANCE

Remémore-toi tes plus belles vacances. Celles que tu as passées en famille quand tu étais jeune. Les fois où il pleuvait dans la tente de camping, ou celle où tu as attrapé un coup de soleil de la mort ! Des moments où tu jouais simplement et où le temps te paraissait infini...

Je me souviens de :

1.

2.

3.

JOUR 166

"Dès l'adolescence, j'ai rapidement compris que je devais utiliser ma différence comme une force et non comme un obstacle. Dans mon cas, c'était mon homosexualité. Soyez fier de votre différence, de ce qu'elle a fait de vous, du caractère et de la personnalité qu'elle vous a obligé à vous forger. Ne baissez jamais les yeux ou les bras devant les autres. Je crois fermement que lorsqu'on est bien avec qui l'on est, les gens autour de nous le sont aussi. Il faut arrêter de se battre et plutôt faire la paix avec nous-mêmes. Vos différences deviendront une énergie positive qui vous propulseront! Bonne route!"

© Perry Senecal

ALEX PERRON
humoriste

 **JOUR 167**

La **PEUR** de l'échec ne devrait jamais t'empêcher de poursuivre  tes rêves.

 **JOUR 168**

Va faire un tour dans un Salon du livre ou une librairie, simplement pour découvrir les nouvelles lectures qui s'offrent à toi ! Le plus beau là-dedans : CE NE SONT PAS DES LECTURES OBLIGATOIRES ! ;) Trouve ce qui t'intéresse !

JOUR 169

On a la chance de naître dans un corps en santé et on met ça à la poubelle question de *fitter*, que ce soit dans nos jeans ou dans la société. Ose sortir du moule et t'assumer comme tu es, avec tes défauts et tes qualités. Tu n'as pas besoin de te révéler au monde entier d'un coup : commence par être honnête avec toi même, tu verras à quel point ÇA, ça fait changement !

JOUR 170

L'AMITIÉ, c'est des hauts et des bas, mais c'est surtout la deuxième petite famille que tu as la chance de créer juste pour toi.

 JOUR 171

DISTRIBUE DES SACS DE NOURRITURE AUX ITINÉRANTS. OK, tu ne peux pas donner toutes tes économies et, des fois, c'est vrai que tu n'as pas du tout de monnaie, mais tu peux te planifier une journée de distribution de denrées ! Un sandwich fait maison, des collations, des fruits, un jus, une bouteille d'eau : je te garantis que tu te sentiras gratifié d'avoir amélioré la journée d'autant de gens grâce à quelque chose qu'on tient souvent pour acquis : l'accès à la nourriture.

 **JOUR 172**

On passe trop de temps à se concentrer sur le négatif, alors que le  est sous nos yeux, dans les petites choses qui nous rendent **HEUREUX**.

 **JOUR 173**

Si tu t'es toujours critiqué, tu dois apprendre à te complimenter. C'est loin d'être facile à faire, mais à force de remarquer tes qualités, aussi banales soient-elles, tu commenceras à être moins sévère envers toi-même.

 **JOUR 174**

On voudrait prévoir l'avenir, savoir ce qui nous attend, connaître les réponses : qui ?, quoi ?, quand ?, où ? et comment ?... Mais des fois, il faut seulement se concentrer sur le moment présent.

JOUR 175

Tu ne regretteras

JAMAIS d'avoir

été gentil.

 ## JOUR 176

Considère une personne en fonction de son sourire et non de son physique, de son intelligence plutôt que des difficultés qu'elle éprouve, de ses qualités plutôt que de ses défauts ; tu verras que le monde est bien plus beau comme ça.

 ## JOUR 177

COUCHE-TOI TÔT. Quelle action plate et simple, me diras-tu. Mais sais-tu à quel point ça fait du bien des fois de récupérer quelques heures de sommeil ? À condition d'être capable de sortir de ce lit siiiii confortable !

JOUR 178

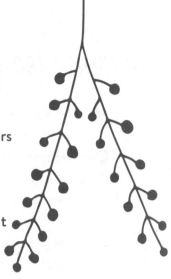

Aujourd'hui, je sors ; je sors de mes « habitudes » ! Je vais au musée, au cinéma ou juste dans un endroit nouveau parce que ça me fait du bien et que je le mérite !

 JOUR 179

Ce n'est pas agréable, mais il faut

échouer pour apprendre à

se relever. Un pas en arrière te

permet d'évaluer la situation et

de trouver des **SOLUTIONS.**

JOUR 180 journal de bord

MOMENT DE MOTIVATION

C'est le temps d'agir et de mettre les bouchées doubles. Oui! Sérieux! Tu dois trouver ce qui te motive et à go, FUEGO!

Dans les prochains jours, je vais faire / enfin terminer :

1.

2.

3.

Petit mot de moi à toi

Il y a de ces journées bouillon de poulet (ou bouillon de légumes pour les végés) qui sont nécessaires pour nourrir son âme. Il n'y avait rien de plus réconfortant quand on était malades, enfants, et qu'on devait rester à la maison plutôt que d'aller à l'école! Pourquoi ne prend-on pas plus souvent le temps de se faire des journées «pyjama et p'tits bouillons» pour souffler un peu, se reposer, regarder la télé et reprendre le sommeil perdu?

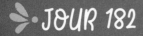 **JOUR 182**

Tu ferais mieux de commettre

tes propres erreurs

plutôt que de copier

˚celles des autres.

 JOUR 183

**DÉCOUVRE UN NOUVEAU
CAFÉ DANS TON QUARTIER !**
Non seulement ça te changera
d'environnement, ça te permettra
aussi de découvrir de nouvelles
saveurs, caféinées ou sucrées !

 **JOUR 184**

Apprends à te **CONFIER,**

simplement parce que

ça fait du bien

de parler.

 **JOUR 185**

Le dessin que tu n'as jamais continué, le livre dont tu n'as jamais achevé la lecture, le cours d'espagnol que tu as abandonné ! C'est le temps de t'y remettre et de te donner comme objectif de terminer prochainement !

 JOUR 186

On essaie trop souvent

d'être **parfait**

aux yeux des autres,

alors qu'on prend

rarement le temps de

s'apprécier pour qui

on est **VRAIMENT.**

LAISSE LE TEMPS GUÉRIR TES BLESSURES. L'expression « mal de cœur » n'existe pas pour rien : lorsque le cœur a mal, il nous le fait savoir rapidement. Ce sentiment de pression dans la poitrine, cette douleur physique qui se fait sentir de façon constante au départ, puis par contractions momentanées. Parfois, il n'y a pas de solution miracle, il faut laisser le temps panser nos blessures, un jour à la fois, une heure à la fois, une petite réussite à la fois. Tranquillement, mais sûrement.

JOUR 188

❝ Le respect est le mot le plus important du monde : le respect de soi, des autres et de l'environnement dans lequel on vit. Si on "carburait" tous à ce mot, on assisterait enfin à la première paix mondiale. ❞

GUY JODOIN
animateur et comédien

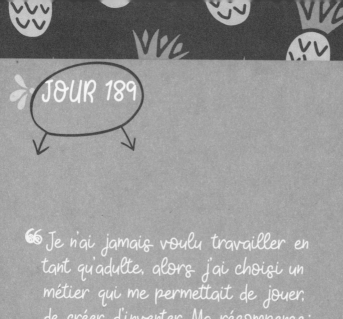

JOUR 189

❝Je n'ai jamais voulu travailler en tant qu'adulte, alors j'ai choisi un métier qui me permettait de jouer, de créer, d'inventer. Ma récompense: j'ai gardé mon cœur d'enfant.❞

GUY JODOIN
animateur et comédien... très inspiré!

JOUR 190

Toute citation n'a pas le même impact à différents moments dans nos vies. N'aie pas peur de te remettre en question et de changer de chemin au besoin. Tu dois trouver TA place, ta voie, être sur ton X. Fais-le pour toi.

GUY JODOIN
animateur et comédien... tellement inspiré qu'il aurait pu écrire ce livre... ou presque :) !

S i les autres te trouvent étrange
et *weird*, ASSUME-LE!
Les personnes dites *weird* sont
intéressantes, car on ne sait
jamais ce qu'elles nous réservent!

· JOUR 192

Un profiteur t'encouragera

à faire le travail pour lui;

un ami t'encouragera tout

en **TRAVAILLANT** avec toi.

JOUR 193

Tu ne peux pas toujours mettre des mots sur tes émotions ; elles sont changeantes et nous prennent parfois au dépourvu. Comme pour le temps, il faut s'y adapter, même si on ne peut pas toujours expliquer pourquoi il pleut, alors que le ciel est dégagé.

JOUR 194

Il faut voir à long terme,

mais saisir

les **opportunités**

au jour le jour.

JOUR 195 journal de bord

MOMENT DE FIERTÉ

Prends le temps d'être fier des gens qui t'entourent. Parce que te réjouir de leur bonheur peut non seulement les rendre heureux, mais aussi TE faire un bien fou !

Je suis fier de :

1.

2.

3.

JOUR 196

C'est dur pour l'estime de soi de se faire dire non, mais c'est parce qu'on se fait dire non qu'on apprend à mettre les bouchées doubles et à se créer ses propres occasions.

JOUR 197

Fais-toi

confiance.

Point final.

 JOUR 198

Il n'y a pas d'âge

pour **APPRENDRE**

à faire les choses

pour soi.

JOUR 199

Essaie la méditation. Toutes les excuses sont bonnes pour décider de ne penser à rien pendant un moment (même si ce n'est pas toujours évident à faire).

 **JOUR 200**

La seule personne sur qui tu peux **RÉELLEMENT** compter, c'est toi-même : ne te laisse pas tomber.

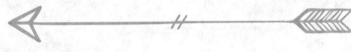

 **JOUR 201**

ACCEPTE QUE TU NE PUISSES PAS TOUJOURS EXCELLER. La fatigue, le trop-plein d'émotions, les engagements : des fois on manque de temps, tout simplement.

JOUR 202

Nous aurions grandement à gagner d'apprendre à RÉELLEMENT aimer notre reflet dans le miroir. Pas à travers un écran, pas grâce à un filtre, pas caché sous les effets de multiples trucages qui nous semblent incontournables pour nous présenter au monde virtuel dans lequel nous évoluons et auquel nous accordons tant d'importance.

JOUR 203

Ce n'est pas la fin

du monde de ne

pas être au top

constamment.

JOUR 204

Précédemment, je parlais de sacs de nourriture préparés pour les personnes itinérantes, mais il ne faut pas oublier que bien des gens qui ne vivent pas dans la rue sont dans le besoin. Il y a plusieurs façons de les aider, à toi de trouver celle qui te convient le mieux ! Donner des biens. Donner du temps. Donner de l'amour. Donner de l'argent. À chacun sa façon d'aider son prochain.

JOUR 205

Tout est si rapidement envoyé aujourd'hui qu'on ne prend même plus le temps d'y penser à deux fois avant d'appuyer sur ENVOYER. Relis-toi avant d'envoyer quelque chose que tu pourrais regretter. Surtout en fin de soirée... ;)

JOUR 206

Prends le temps d'écouter avant de parler. Il y a des paroles qui sortent trop vite de notre bouche et qu'on ne peut effacer.

JOUR 207

C'est à force d'essais et d'erreurs que tu **RÉUSSIS** à tracer ton bout de chemin.

JOUR 208

Les réseaux sociaux influencent directement l'estime que nous avons de nous-mêmes, que ce soit en l'amoindrissant à coups de commentaires négatifs ou en la renforçant relativement au nombre de petits cœurs attribués à une publication. Ne te laisse pas amadouer par les « j'aime » qu'une publication peut susciter et apprends à ne pas compter sur l'approbation des autres pour te *liker* toi-même.

JOUR 209

À force de remarquer

le beau, on lui donne

de l'importance dans

notre vie et un jour,

on finit par le voir

NATURELLEMENT.

JOUR 210 *journal de bord*

MOMENT DE RECONNAISSANCE

Le plaisir de manger de bons repas, quoi de plus à ajouter ? Que ce soit les recettes familiales, des desserts gourmands, des découvertes gastronomiques ou simplement des petits plats réchauffés, on a tous besoin de ce genre de *comfort food* !

#MerciLaVie pour la nourriture qui suit :

1.

2.

3.

4.

5.

66 Il faut savoir concentrer ses énergies sur ce qu'on peut contrôler, soit notre attitude et les efforts déployés pour réussir. 99

ÉTIENNE BOULAY
ex-footballeur professionnel

© Robert Ferron

• JOUR 212

Ta **PAROLE** est

un pouvoir de

création :

utilise-le

intelligemment.

• JOUR 213

Cette semaine, réserve-toi une soirée de rattrapage télé ou cinéma !

JOUR 214

Pourquoi ne pas t'inspirer de ceux qui sont rendus où tu voudrais être plutôt que de les jalouser parce qu'ils sont arrivés à destination plus rapidement ou qu'ils voyagent plus souvent ?

JOUR 215

CÈDE TA PLACE DANS LES TRANSPORTS EN COMMUN

Ce n'est pas parce que le dessin représente seulement des personnes âgées, une femme enceinte ou une personne handicapée que tu ne peux pas te lever lorsque tu vois un père avec de jeunes enfants, une personne qui a l'air épuisée par sa journée ou une fille avec un énorme sac d'école. C'est simplement gentil d'offrir sa place à quelqu'un qui en a un peu plus besoin que soi.

Il faut **APPRÉCIER**

les belles choses

qui te sont arrivées

plutôt que de

regretter celles

qui sont terminées.

 # JOUR 217

Petit mot
de moi à toi

Je veux que tu saches que
je suis fière de toi. Peu
importe ton histoire, ça fait
maintenant 217 jours que
tu fais des efforts ! Ce n'est
pas toujours facile, je le sais,
mais si tu prends le temps de
regarder les derniers 216 jours
qui ont passé, tu réaliseras
tous les progrès que tu as faits,
les défaites qui t'ont rendu
plus fort, les leçons que tu
as apprises et les efforts que
tu as fournis, ne serait-ce
que pour passer à travers une
journée difficile ! Prends le
temps d'être fier de toi.

❧ JOUR 218

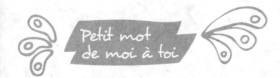

Maintenant que je t'ai félicité pour tous les jours qui sont passés, je ne peux pas omettre de t'encourager pour ceux qui restent ! Mon objectif ? Te challenger et t'inspirer à donner ton 100 %, parce que tu sais que tu es capable si tu y mets du tien ! Ce n'est pas toujours évident de se motiver, alors j'espère que mes réflexions et celles des autres personnes inspirantes à venir sauront allumer le feu qui t'encouragera à tout donner !!

FUEGOOOOO !!! 🔥🔥🔥

Avec chaque

PROBLÈME

viennent plusieurs

solutions.

 JOUR 220

Parfois, il faut simplement prendre

le temps d'écouter... **ÉCOUTER**

les autres s'ils en ont besoin, mais

aussi, prendre le temps

de s'écouter soi-même.

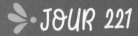 JOUR 221

Il n'y a jamais trop de positif dans nos vies ! Va chercher du « beau » partout où tu peux en trouver ! Du beau temps, une journée bien remplie enfin terminée, un sentiment d'accomplissement, toutes les raisons sont bonnes !

JOUR 222

❝ Si seulement j'avais su :

Que le plus grand héritage que mes parents me légueraient serait de ne jamais vouloir reproduire la chicane, la manipulation et la bisbille dans ma future vie familiale.

Que j'apprendrais de leurs erreurs et que ça nourrirait mon âme d'actrice, mon âme de femme, d'amoureuse et de mère.

Que chaque obstacle que je surmonterais ferait de moi une femme forte et résiliente.

Que je serais une combattante qui n'a pas peur du ridicule, ni de l'échec.

Que toutes ces victoires me permettraient de me relever de plus en plus rapidement lors de moments difficiles, d'avoir davantage confiance en mes moyens et de toujours me donner à 100 % pour faire ma place!

Si seulement on m'avait dit à l'époque qu'il fallait que je choisisse de devenir un soleil, un modèle sain, positif et encourageant pour ceux qui en ont besoin.

Voilà! Je dirais à l'adolescente que j'étais que ces obstacles, ces dures épreuves de la vie font de nous de meilleures personnes, si nous les acceptons d'une manière positive! Mais surtout, je lui dirais qu'elle serait un jour une femme comblée, fière de ses choix, en paix avec son passé et prête à léguer toutes ces leçons de vie à la petite fille qu'elle va accueillir avec l'amour de sa vie.

C'est ce que j'aurais voulu dire à la jeune Julie, adolescente gothique et étouffée dans une situation familiale complexe. Et maintenant, je te le dis à toi aussi! 99

JULIE RINGUETTE
comédienne

JOUR 223

Une génération qui pense un peu plus à elle pour, par la suite, mieux penser aux autres, sans nécessité de comparaison. C'est peut-être le genre d'égoportrait qu'on devrait publier.

JOUR 224

ARRÊTE DE TE JUSTIFIER.
Tu n'as pas besoin de te trouver une excuse quand ça ne te tente tout simplement pas. Exerce-toi à dire non sans te sentir obligé de donner une explication.

JOUR 225 *journal de bord*

MOMENT DE MOTIVATION

Écoute de la musique qui va avec ton humeur et laisse sortir tes émotions au rythme des chansons! Extériorise le négatif ou au contraire, laisse-toi emporter par ta bonne humeur tout en prétendant que ta vie est une comédie musicale! (Inspiration: Zac Efron qui traverse un terrain de golf avec détermination sur le rythme de *Bet On It* - HSM2 #THROWBACK.)

Les chansons qui me font du bien:

1.

2.

3.

JOUR 226

L'atteinte d'un **objectif** est glorifiante, mais le **CHEMINEMENT** pour faire d'un rêve une réalité doit l'être encore plus.

JOUR 227

Pourquoi se fait-on dire de se calmer lorsqu'on est heureux, alors qu'on nous dit que « ça va passer » lorsqu'on est triste ? Ne devrait-on pas plutôt dire l'inverse ? Calmer sa tristesse et exploser de bonheur.

 JOUR 228

**TROUVER QUELQUES CHIPS
ENCORE INTACTES ET PLEINES
D'ASSAISONNEMENT.**
Mon Dieu qu'une chose aussi
simple peut rendre vraiment heureux !

 JOUR 229

D ans une société où le regard
des autres a tant d'importance,
peut-être faudrait-il simplement
s'ouvrir les yeux, se regarder, et
s'aimer un instant ! Prends ce
moment et fais-le pour toi : pour
toutes les autres fois où tu t'es
jugé plutôt que de t'apprécier...
Ça fait du bien, tu verras.

 **JOUR 230**

Imagine à quel point ce serait

ENNUYANT si on avait tous

les mêmes traits et la même

personnalité. Ce qui est beau,

c'est la diversité !

 **JOUR 231**

C'est **IMPORTANT**

de savoir que quelqu'un d'autre

croit en nous

et nous dit qu'on peut y arriver :

TU PEUX Y ARRIVER !

 **JOUR 232**

CHOISIS TES BATAILLES.
Des fois, il faut arrêter de s'obstiner
et plutôt choisir de réussir autrement !

 **JOUR 233**

Savoir s'aider
soi-même,
c'est aussi être en
position de mieux
aider les autres.

 **JOUR 234**

On dit que le succès est la meilleure vengeance, mais je crois plutôt que le fait de nous accomplir personnellement nous rend si fiers de nous-mêmes qu'il nous fait oublier notre colère envers ceux qui ont douté de nous ou nous ont carrément fermé la porte au nez.

JOUR 235

PRÉPARE tes lunchs à l'avance

et en plusieurs portions, question

d'économiser du temps

(pour dormir le matin,

par exemple !).

JOUR 236

Quand tu entres dans une pièce, tu dégages quelque chose : que ce soit de la confiance ou de la timidité, il y aura assurément des gens qui seront charmés par ta personnalité.

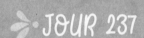

JOUR 237

Il faut parfois mettre

son orgueil de côté

et **accepter**

que certaines personnes

soient là pour nous aider.

JOUR 238

Il semblerait que l'action de sourire rend heureux. Qu'est-ce qu'on a à perdre à essayer ? CHEESE ! :-)

JOUR 239

Pour être un aimant **POSITIF**,

il faut apprendre à être positif.

C'est en se motivant

constamment que le négatif prend

moins de place dans notre vie.

JOUR 240 journal de bord

MOMENT DE FIERTÉ

Réfléchis à ce que tu fais pour aider les gens autour de toi. En aidant les autres, on s'aide souvent soi-même, simplement parce que leur bonheur rejaillit sur nous.

Je suis fier de ce que j'ai fait pour :

1.

2.

3.

JOUR 241

REGARDE UN BON VIEUX FILM CLASSIQUE. On a tous un film qui nous fait sentir bien à tout coup, même si on l'a vu 100 fois. Pour moi, c'est *Mange, prie, aime* avec Julia Roberts, car l'histoire me rappelle l'importance de s'arrêter pour profiter des plaisirs de la vie, d'être reconnaissant des leçons qu'elle nous offre, mais surtout, de trouver l'équilibre parfait en écoutant notre cœur.

JOUR 242

Les mots sont d'une force incroyable : ils peuvent rassurer, réconforter et aimer, tout comme ils peuvent attaquer, blesser ou même détruire quelqu'un, de là l'importance de bien les utiliser.

 JOUR 243

A rrête de courir après le bonheur et choisis de profiter de la vie pleinement dans le moment présent.

 JOUR 244

Ne jamais oublier que même

s'il faut **TRAVAILLER,**

c'est tout aussi important

de s'amuser!

JOUR 245

ACCEPTE QU'IL Y AIT PARFOIS DES IMPRÉVUS.
Il y a des choses qu'on ne peut pas contrôler, il faut les accepter, ne pas ruminer et continuer à avancer !

JOUR 246

Sors de ton environnement. Découvre de nouveaux endroits et amuse-toi à explorer des chemins que tu n'avais jamais empruntés.

JOUR 247

SAUTER dans une flaque d'eau,
c'est le fun, même si on sait que
nos souliers vont être trempés.
Sortir de sa zone de confort
aussi, il faut juste OSer prendre
une décision spontanée.

JOUR 248

Pour être
capable
de mieux répondre
aux autres,
il faut d'abord
S'ÉCOUTER.

 **JOUR 249**

Petit mot
de moi à toi

J'AI CONFIANCE EN TOI !
Parce que même si je ne te
connais pas, je me dis que si
ça vient de quelqu'un d'autre,
peut-être que toi, tu y croiras.

 JOUR 250

Reste
fidèle
à qui tu es.

JOUR 251

Apprendre à s'aimer, c'est rendre à ceux qui nous entourent cet amour au centuple ; parce que la confiance, c'est quelque chose qui non seulement se travaille, mais aussi se partage.

JOUR 252

La musique rend tout plus motivant ! Crée-toi une *playlist* (liste d'écoute) qui te permettra de passer à travers les moments plus difficiles ou simplement d'effectuer les tâches ennuyantes.

 ## JOUR 253

Tends la main,

tes rêves sont

à ta portée.

 ## JOUR 254

ÉCRIS À QUELQU'UN QUI T'INSPIRE.

Savais-tu que les gens que tu suis sur les réseaux sociaux lisent plus souvent les commentaires que tu ne le crois ? Ça fait toujours chaud au cœur lorsque quelqu'un **PREND LE TEMPS** d'écrire un bon commentaire ou d'envoyer un message privé à une personne qui l'inspire et l'accompagne au quotidien.

JOUR 255 *journal de bord*

MOMENT DE RECONNAISSANCE

Aujourd'hui, rappelle-toi les soirées marquantes de ta vie ! Pas le party que tu as raté parce que tes parents t'avaient interdit de sortir ce soir-là (classique !), mais bien celui que tu attendais avec impatience, que ce soit un party de sous-sol, un rendez-vous marquant ou la disco à l'école le vendredi soir à manger des bonbons et des chips !

1.

2.

3.

JOUR 256

Il t'arrivera de te sentir seul au monde, sans personne pour te comprendre ni t'aider mais, si tu apprends tranquillement à te faire confiance, tu réaliseras que tu peux accomplir beaucoup de grandes choses toi-même.

JOUR 257

Fais la grasse matinée !
Donne-toi le droit de flâner à l'occasion avant de te lever.

 **JOUR 258**

Si trop de portes se ferment

devant toi, dis-toi que c'est

le temps de **BÛCHER**

ta propre entrée !

 **JOUR 259**

DONNE-TOI UN BREAK !
Stop ! Finito ! Arrête : de te
juger, de te comparer, de
t'analyser, de te stresser !

JOUR 260

À l'école : on se compare. Au travail : on se compare. Sur les réseaux sociaux : on se compare. Entre frères et sœurs : on se compare. Entre amis : on se compare.

C'est normal de ne pas arriver à trouver qui on est quand on passe son temps à essayer de ressembler aux autres. On s'enferme dans ce moule de « ce qu'on croit être la perfection », alors que la vie est plus belle lorsqu'on fait tomber les murs de la standardisation.

JOUR 261

C'est quand la dernière fois que tu t'es « challengé » ? Sors de ta zone de confort en essayant quelque chose de nouveau, par exemple une activité que tu rêves de faire depuis longtemps !

JOUR 262

Il est important de savoir choisir le type d'amour auquel on accorde du temps et des efforts : je te souhaite celui qui te fait léviter et te complémente à merveille. Car tu n'as pas besoin de quelqu'un d'autre pour être complet. ;)

JOUR 263

Si on levait la tête de nos écrans plus souvent, peut-être qu'on réaliserait que cette vie parfaite qu'on envie sur les médias sociaux est en fait une réalité qui est à notre portée : au moment présent, tout simplement.

JOUR 264

OSE ÊTRE VULNÉRABLE DEVANT LES BONNES PERSONNES. On s'ouvre trop souvent aux mauvaises personnes, mais on a aussi peur d'avouer nos faiblesses à ceux qu'on aime vraiment.

JOUR 265

On peut mieux **NOURRIR**

notre corps lorsqu'on lui donne

de bonnes sources d'énergie.

Même chose pour notre

esprit : il nous remerciera de le

nourrir de bonnes pensées.

JOUR 266

« La page blanche amène parfois l'angoisse, mais elle amène aussi toutes les opportunités possibles... c'est à nous d'écrire la suite. »

MARC DUPRÉ
auteur-compositeur-interprète

© Julie Artacho

Le jour est arrivé

où j'ai décidé que

j'avais le droit de

lâcher prise

et de laisser la vie

tracer, à son tour, une

partie du chemin.

 JOUR 268

Apprends à dire non. Pas par méchanceté, mais parce que tu as le droit d'avoir d'autres priorités.

 JOUR 269

C'est important de retomber en enfance par moments : ça nous permet de nous rappeler à quel point la vie est plus simple quand on prend le temps de s'amuser.

JOUR 270 journal de bord

MOMENT DE MOTIVATION

Pense à un projet que tu aimerais réaliser bientôt. Tu veux peindre ta chambre et la décorer? Tu veux suivre un cours? Tu rêves de voyager? Rien n'est plus stimulant et valorisant que de gagner les sous pour réaliser ton projet. Fais-toi un plan et un budget, et donne-toi des délais pour y arriver!

Je voudrais réaliser:

1.

2.

3.

 ## JOUR 271

Un homme que j'admire énormément m'a transmis, un jour, cette belle leçon de vie : « Bien des gens abandonnent leurs rêves sans se douter qu'ils étaient à deux doigts de le voir se réaliser. Tu ne dois jamais cesser de croire que tes efforts porteront fruit, tu dois garder espoir, parce que si tu arrêtes de creuser le sol, peut-être passeras-tu à côté d'une mine d'or. »

JOUR 272

Tu ne choisis pas ceux avec

qui tu es lié par le sang, mais tu

peux choisir ceux qui feront partie

de ta véritable famille !

 **· JOUR 273**

DÉCOUVRE LES PETITS « RESTAURANTS DU COIN ».
Si tu dois aller dans une autre ville pour le travail ou les études, profites-en pour découvrir les petits commerces uniques et leurs spécialités. Ça change des chaînes de restauration !

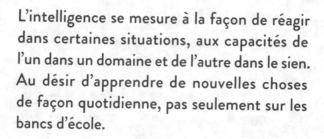

**· JOUR 274**

L'intelligence se mesure à la façon de réagir dans certaines situations, aux capacités de l'un dans un domaine et de l'autre dans le sien. Au désir d'apprendre de nouvelles choses de façon quotidienne, pas seulement sur les bancs d'école.

JOUR 275

C'est **IMPORTANT**
parfois de t'avouer
vaincu, simplement
pour faire volte-face et
réussir autrement.

JOUR 276

Des fois, on n'a pas le temps d'être complètement « déconfituré », et parfois, c'est la meilleure chose qui puisse nous arriver, parce que regarder le temps passer en se demandant quand on va aller mieux... c'est long longtemps. Alors n'hésite pas à t'occuper !

JOUR 277

"Peu importe ce qu'on fait, il y aura toujours quelqu'un pour nous critiquer ou nous juger. N'arrête pas d'être qui tu es pour ceux qui ne sont pas capables de t'accepter ou qui sont intimidés par ce que tu dégages: c'est la beauté de ta personnalité!"

SASKIA THUOT
animatrice

© Julie Perreault

JOUR 278

Faire le deuil d'une
relation, c'est arriver
à souhaiter du
BONHEUR à l'autre
malgré la déception
ou le ressentiment.

JOUR 279

**CHANGE LA DISPOSITION DES
MEUBLES DANS TA CHAMBRE!**
Ça fait du bien de se renouveler et de
dormir la tête dans un autre sens! Si
tu es chanceux, tu auras l'impression
de te réveiller dans un tout nouvel
endroit : ça n'en prend pas gros
pour provoquer du changement! ;)

JOUR 280

Chacun d'entre nous devrait avoir la chance de profiter d'une vie positive, d'une histoire dont il sera le héros ou l'héroïne et dans laquelle il n'aura pas peur de se mettre à l'avant-plan !

JOUR 281

Non seulement rester assis trop longtemps devient ennuyant, mais tu perds ta concentration. Prends le temps de bouger, parce qu'en plus de faire du bien à ton corps, tu donnes une petite pause « aération » à ta tête.

 JOUR 282

N'oublie jamais

ceux qui sont importants

pour toi. Et ne

t'oublie pas, **TOI.**

JOUR 283

Quelqu'un peut te **critiquer**

autant qu'il le voudra,

mais personne d'autre que toi

ne peut **RÉUSSIR**

comme tu le feras.

JOUR 284

Il n'y a qu'une seule personne avec qui tu dois apprendre à vivre 24 heures sur 24, 7 jours sur 7. Il s'agira d'une cohabitation plutôt intense, d'une relation remplie de montagnes russes, la plus difficile qui soit pour la plupart d'entre nous. Elle demandera efforts, sacrifices, don de soi et... BEAUCOUP de pardon. Tu considères parfois cette personne comme une amie indéfectible, alors tu oublies de la chérir et de l'aimer. Tu te permets de la juger, de la critiquer, et, dans certains cas, de la maltraiter. Plutôt que de voir le plein potentiel de cette relation, tu te concentres sur les points faibles et les détails à améliorer.

CETTE RELATION, C'EST CELLE QUE TU ENTRETIENS AVEC TOI-MÊME.

JOUR 285 *journal de bord*

MOMENT DE FIERTÉ

Souviens-toi de moments où tu as découvert des talents d'ici qui sont devenus des idoles. Ça peut être lors d'une sortie avec l'école, pendant un festival de musique, dans un Salon du livre ou en allant voir une pièce de théâtre! Toi-même, as-tu le besoin d'écrire, de lire, de dessiner, de bricoler?

Nomme quelques personnes dont tu as découvert le talent et qui t'ont inspiré.

1.

2.

3.

 **JOUR 286**

C'est important de faire

la **DIFFÉRENCE** entre

aider un ami à avancer

et le traîner avec toi.

 **JOUR 287**

**TOUJOURS DIRE JE T'AIME,
SANS LIMITES ET À PROFUSION.**
L'idée là-dedans n'est pas seulement
de valoriser les autres, mais
bien de te propulser vers l'avant
tout en aidant au passage !

JOUR 288

❝ Sur ton chemin, tu croiseras des personnes qui ne croiront pas en toi et qui tenteront même de briser tes rêves. Ne les écoute JAMAIS ! Poursuis tes rêves, continue de foncer et ne baisse surtout pas les bras. Croire en soi est un pouvoir indestructible. La route sera sans doute ardue, mais tes efforts te permettront de voir de sublimes paysages. ❞

© Steph Polic

ROSELINE FILION
plongeuse olympique

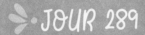

JOUR 289

Ne prends rien de personnel.

Les **paroles** négatives des

autres sont souvent le reflet

de leur propre insécurité.

JOUR 290

Crois en toi

et tu seras encore

plus fort!

 **JOUR 291**

Mets ton téléphone de côté avant de te coucher ; pense plutôt à ce que tu as accompli aujourd'hui ! Et si tu es déçu de ta journée, lis un livre pour te changer les idées.

 **JOUR 292**

À toi de **CRÉER** tellement

d'opportunités

qu'au final, ce sera

« de ta faute » si tu réussis. ;)

JOUR 293

ENCOURAGE L'ÉCONOMIE LOCALE en achetant le plus souvent possible des produits faits ici !

JOUR 294

Si tu as le courage d'avouer que tu as besoin d'aide, que tu n'en peux plus et que le stress prend une trop grande place dans ta vie, tu viens de faire un pas de géant vers la tranquillité d'esprit.

JOUR 295

C'est le temps d'un bon ménage de printemps (ou de n'importe quelle saison !). Ça fait du bien de faire le tri autant dans tes affaires personnelles que sur les réseaux sociaux, et ça fait de la place pour du nouveau.

Petit mot
de moi à toi

J'ai toujours été une perfectionniste
qui voulait plaire à tout le monde.
Je voulais toujours me présenter
sous mon meilleur jour, souriante,
pleine de qualités, toujours
enjouée, un peu comme une « miss
parfaite »... puis je me suis dit que
mon meilleur jour, c'était lorsque
je m'acceptais comme j'étais, avec
mes défauts, mes moments plus
difficiles, ma gêne et mon sourire
parfois éteint quand ça allait
moins bien. J'ai réalisé qu'en étant
honnête avec moi-même et en
arrêtant de jouer un rôle pour
ne pas déplaire à personne, j'osais
enfin m'assumer à 100 % et que je
donnais l'exemple aux autres pour
qu'ils fassent pareil.

JOUR 297

La **différence,**

elle est belle, parce qu'elle

nous **APPARTIENT.**

Parce que la vie serait donc

plate si on était tous pareils.

 JOUR 298

APPRENDRE À VERBALISER CE QU'ON RESSENT. Parce que ça fait du bien de parler. Parce que si tu as un caillou dans ton soulier, tu l'enlèveras immédiatement plutôt que de le garder en sachant qu'il risque de te faire mal et peut-être de t'empêcher complètement de marcher. N'accumule pas les problèmes en te disant que ça va passer, ose parler de tes sentiments afin de te libérer.

On doit en venir à se faire confiance sans l'aide des autres ! C'est facile de se sentir bien quand on nous encourage, mais c'est aussi trop facile de se sentir détruit quand on nous critique.

JOUR 300 *journal de bord*

MOMENT DE RECONNAISSANCE

Remercie tes parents! Non, ce n'est pas toujours évident, mais dis-toi que si on fait de notre mieux en tant qu'enfant, ils font aussi de leur mieux en tant que parents. Pense à leurs sourires, aux paroles encourageantes, aux *lifts* pour aller chez tes amis, aux câlins quand tu en avais besoin.

Je dis merci à mes parents pour:

1.

2.

3.

JOUR 301

Certaines choses devaient arriver

pour que tu sois où tu en es

désormais. Ton passé te permet de

mieux te **connaître** et de

prendre de meilleures décisions !

JOUR 302

Des fois, c'est important de prendre du recul face à nos amitiés et de les réévaluer pour s'assurer qu'elles ne font pas juste nous épuiser. Est-ce que les gens autour de toi te poussent vers le haut ou te tirent vers le bas ? Est-ce qu'ils t'encouragent à donner le meilleur de toi-même ou te mettent plutôt des bâtons dans les roues ?

JOUR 303

Tu as **le droit**
de te laisser envahir
par l'anxiété car, parfois,
c'est ce dont tu as besoin
pour faire le point et
te **RETROUVER.**

JOUR 304

L'important n'est pas de t'entourer de gens qui te valoriseront constamment, mais bien de trouver les personnes qui oseront te dire « les vraies choses » parce qu'elles veulent vraiment t'aider.

 **JOUR 305**

VENIR À LA RESCOUSSE DE QUELQU'UN qui subit de l'intimidation peut littéralement changer une vie, qu'on soit enfant, adolescent ou adulte. N'hésite pas à aider ceux qui ont peur de dénoncer.

 JOUR 306

Comme bien des gens, tu donnes probablement cent fois plus d'amour aux autres que tu ne t'en donnes à toi-même, et juste le fait d'en être conscient te permettra peut-être de réaliser que tu mérites de t'aimer tout autant.

 **JOUR 307**

Lorsqu'on aide

les autres,

leur **joie** nous

est transmise

et nous fait

un bien fou.

 JOUR 308

É cris 10 rêves ou objectifs sur de petits bouts de papier que tu rangeras dans une boîte avec un objet précieux... Sur cette boîte, écris l'année où tu « devrais » selon toi les avoir tous réalisés. Tu la rouvriras à ce moment-là !

 **JOUR 309**

Ne prends pas
le poids
du monde
sur tes épaules.

 **JOUR 310**

Regarde le ciel et souviens-toi de cet instant.
Écris comment tu te sens ! Ce que tu souhaites
accomplir. Tes rêves les plus fous !

Dis-toi que dans 10 ans, ce même ciel aura
observé tous tes accomplissements !

Date : ___ / ___ / ___

66 La passion est le facteur le plus important de succès. Si vous êtes passionné, vous y mettrez tout votre cœur et vous aurez beaucoup plus de chance d'avoir du succès. Votre objectif premier devrait toujours être la recherche de ce qui vous rend heureux. 99

ALEXANDRE TAILLEFER
entrepreneur

 **JOUR 312**

Une fois que

tu auras réalisé

que tu es ton meilleur

allié, rien ne

pourra t'arrêter.

 **JOUR 313**

ÉCOUTE-TOI, SINCÈREMENT.
Suis tes envies, tes passions, tes rêves. Tu as le goût de manger du chocolat ? Pourquoi pas ? Tu souhaites accorder plus de temps à un projet ? Prends le temps qu'il te faut ! Tu rêves de créer un empire ? Commence à faire tes plans !

 JOUR 314

Choisir de

pardonner,

simplement parce

qu'on **MÉRITE** de

passer à autre chose.

JOUR 315 journal de bord

MOMENT DE MOTIVATION

Prends tes responsabilités en main! Ces devoirs que tu n'as pas encore faits, ce message texte que tu n'oses pas ouvrir, ce travail d'été pour lequel tu n'as pas encore postulé, ces vête-ments que tu as empilés plutôt que de les plier et qui sont tout froissés... je m'en allais dire «ce DVD que tu n'as pas encore rapporté au club vidéo». (AU REVOIR, JE SUIS OUT!)

Dans les prochains jours, je vais:

1.

2.

3.

JOUR 316

Arrête de demander l'avis de tous avant de prendre une décision. Ose suivre ton intuition, tu verras qu'elle est souvent bonne.

JOUR 317

La seule personne que
je dois réellement convaincre
de ma **VALEUR,**
c'est celle que je regarde
dans le miroir tous les matins.

JOUR 318

ÊTRE FIER DE TON PASSÉ, PROFITER DU MOMENT PRÉSENT ET NE PAS AVOIR PEUR D'ALLER DE L'AVANT ! Prendre en considération ce que tu as fait jusqu'à maintenant, t'amuser et te concentrer sur ce qui se passe maintenant, mais toujours voir grand en te projetant dans tes rêves les plus grands !

JOUR 319

Tu peux

et tu vas

RÉUSSIR.

Petit mot
de moi à toi

Je me sentais isolée et j'ai
souvent dû trouver mes propres
solutions, ce qui signifie que,
dans mon lot d'essais, j'ai fait
plus que mon quota d'erreurs.
Aujourd'hui, on me demande
comment je fais pour être si
confiante et bien dans ma
peau, et ça me donne envie
de rire: j'ai toujours réussi à
projeter cette belle image, mais
je sais ce que c'est de se sentir
totalement différemment en
dedans. C'est peut-être parce que
j'ai trop souvent fait semblant
d'être forte qu'aujourd'hui
on s'attend à ce que je le
sois 24 heures sur 24, 7 jours
sur 7. Puis j'ai réalisé qu'en
admettant que moi aussi j'avais
des faiblesses, des peurs et mon

lot de stress, je permettais
à d'autres personnes de se
reconnaître dans ma situation
et de réaliser que bien souvent,
on a tendance à s'isoler dans
nos craintes par peur d'être
jugés... alors que pourtant, on
vit des choses sensiblement
similaires au quotidien et
qu'on peut s'entraider si on
arrête de faire semblant que
tout est parfait !

JOUR 321

FAIS DES COMPLIMENTS.
Tu ne sais jamais l'impact que tu peux
avoir en soulignant les talents de l'un
ou l'accomplissement de l'autre.

JOUR 322

À toi qui lis ceci :
tu mérites de passer
une **MAGNIFIQUE**
journée ! Alors affiche
ton plus beau sourire, garde
la tête haute et fonce !

JOUR 323

Tu te sens différent et tu as l'impression que, si quelqu'un entrait dans ta tête, il verrait des montagnes russes d'émotions et des tourbillons d'idées qui n'ont pas de sens ; tu n'es pas seul, ne t'inquiète pas.

JOUR 324

Redéfinis les attentes que tu as envers toi-même : donne-toi des objectifs réalistes qui te poussent à te dépasser sans te décourager !

JOUR 325

C'est bien beau d'avoir une vie qui semble « parfaite », d'être populaire sur les réseaux sociaux, d'avoir de bonnes notes et de sourire en tout temps, mais ce qui importe, c'est comment tu te sens à l'intérieur.

JOUR 326

NE PAS SE FIER AUX APPARENCES.
On passe à côté de tellement de belles choses, de belles découvertes, mais surtout, de belles personnes lorsqu'on se fie au contenant plutôt qu'au contenu.

·JOUR 327

CÉLÉBRONS la vie des
gens que nous aimons en
laissant parler nos émotions ;
de cette façon,
ils continueront
de vivre à travers nous.

·JOUR 328

Arrête de t'inventer des excuses

et **FAIS-LE !** Tu sais que tu en es

capable, il faut seulement que tu

oses détruire les barrières

créées par ta peur !

 JOUR 329

Ne dis pas

« si ça arrive »,

mais bien,

« QUAND ÇA VA

ARRIVER » !

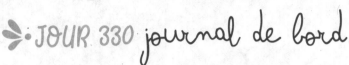

JOUR 330 journal de bord

MOMENT DE FIERTÉ

Aujourd'hui, ce « moment de fierté » est accordé aux défis que tu t'es donnés, aux nouvelles choses que tu as essayées, aux épreuves que tu as surmontées et aux victoires que tu as obtenues parce que tu as osé sortir de ta zone de confort !

Au début de l'année, je n'aurais jamais pensé que je :

1.

2.

3.

 JOUR 331

Fais **toujours**

de ton mieux,

même si personne

ne te regarde.

 JOUR 332

Un ami ne devrait jamais te faire sentir mal dans ta peau, te faire culpabiliser, te ridiculiser ou te forcer à faire des choses que tu ne veux pas faire. On ne profite pas de ceux qu'on aime.

•JOUR 333

Petit mot
de moi à toi

Mon frère (autiste), ma fierté

J'aimerais parfois être dans sa
tête, savoir à quoi il pense...

Difficile d'expliquer une
relation si forte avec
quelqu'un pour qui la
communication n'est pas
chose aisée. Pourtant, au
fond de moi, je sais qu'on se
comprend.

J'attrape ses regards aimants
et je les chéris dans les
moments où j'ai l'impression
d'être seule, parce que c'est
difficile de savoir que malgré
que nous soyons deux, j'ai
souvent le sentiment d'être
enfant unique.

Je me suis longtemps demandé ce qu'aurait été notre vie s'il n'avait pas été autiste.

J'ai rapidement réalisé que mon frère m'offre la plus belle leçon de vie: la capacité de voir les choses différemment.

L'important pour lui, c'est le moment présent. Il ne se pose jamais de questions sur le pourquoi ou le comment, il agit par instinct. Il ne se met pas de barrière par peur du jugement et ne perd pas de temps à se poser trop de questions. Il sourit constamment, dit bonjour à tous les gens qu'il rencontre et distribue de l'amour en quantité industrielle.

C'est lorsqu'il me regarde avec tendresse et me serre avec

force que je réalise qu'il a tout compris. Le bonheur n'est pas un choix pour lui: il fait PARTIE DE LUI.

J'ai la chance de côtoyer quotidiennement un rayon de soleil incandescent et je tiens à partager cette luminosité avec le monde entier.

Je lis ses sourires et je traduis ses câlins.

À travers l'écriture, je lui donne une voix.

Je partage ses réussites et je célèbre sa simplicité

Mais surtout,

Je parle de lui avec fierté ;

La fierté d'une grande sœur qui l'aime de tout son cœur.

 **JOUR 334**

S ors ton « kit mou » préféré !
C'est le temps de décompresser !

 JOUR 335

Pourquoi en voulons-nous parfois à ceux qui
rayonnent pendant nos jours de pluie ? Ne
devrait-on pas essayer de les rejoindre au
soleil plutôt que de souhaiter que l'orage les
frappe aussi ?

 **JOUR 336**

PARLE EN BIEN DE CEUX QUE TU AIMES. On ne réalise pas toujours à quel point on est chanceux d'avoir certaines personnes dans nos vies. N'hésite jamais à dire du bien des gens qui te font sentir bien.

JOUR 337

On est souvent plus dur

avec soi-même qu'on

ne l'est avec les autres.

JOUR 338

Je me remets en question, je doute, j'ai peur (souvent) et je me critique (beaucoup), mais, avec le temps, j'ai aussi appris à m'encourager, à me féliciter et à me pousser à aller au-delà des limites que je m'imposais.

JOUR 339

C'est en **réussissant**

à mettre le doigt sur tes bobos

que tu pourras **DÉTERMINER**

les moyens de régler tes problèmes.

**JOUR 340:**

Sois **FIER** de qui tu es.

Spécial, différent,

unique,

tout simplement !

**JOUR 341**

La plus belle lecture, c'est l'histoire qu'on découvre par pur hasard et qui change notre vie à tout jamais, comme si elle avait été écrite spécifiquement pour nous.

 **· JOUR 342**

LAISSE-TOI IMPRESSIONNER PAR LES PETITES CHOSES DE LA VIE.

Par un oiseau qui chante à ta fenêtre, par ce rayon de soleil qui perce les nuages malgré la pluie, par les étoiles dans le ciel... tous des petits détails qu'on oublie de remarquer.

 · JOUR 343

 Laisse-toi envahir par ce sentiment de bonheur quand tu as l'impression que tout est aligné. Ça fait du bien de profiter de l'euphorie d'une réussite ou simplement d'un beau moment en bonne compagnie.

JOUR 344

Yves Dufort, père exceptionnel

Un sage, du nom de papa Yves, m'a dit un jour :
« Tu ne peux pas te plaindre de ne pas avoir
gagné à la loterie si tu n'as pas acheté de billet. »
OK, la vie n'est pas un « gratteux », mais ce
que cette métaphore veut dire, c'est que tu
ne peux pas te plaindre de ne rien accomplir
si tu n'essaies pas. Mon papa a essayé bien des
choses dans la vie... et je peux te garantir que
selon moi, il a grandement réussi ! Merci de
m'avoir enseigné comment gagner à la loterie
de la vie, papounet !

JOUR 345 *journal de bord*

MOMENT DE RECONNAISSANCE

Aujourd'hui, c'est l'heure du bilan ! Quels sont les moments où tu as ressenti du pur bonheur ? À quoi ces moments étaient-ils dus ? À tes succès ? Tes amis ? Aux hasards de la vie ? C'est aussi beaucoup grâce à TOI.

En repensant bien à tous les moments vécus pendant la lecture de ce livre, je dis #MerciLaVie pour les bonheurs suivants :

1.

2.

3.

JOUR 346

ACCEPTE TA VULNÉRABILITÉ.
Tu ne peux pas toujours être
fort et tu as le droit de tomber
pour mieux te relever.

JOUR 347

N'aie pas peur d'aller de

l'avant et de foncer

pour obtenir ce que

tu **DÉSIRES.**

JOUR 348

On se fait un montage dans notre tête de ce dont on devrait avoir l'air pour s'aimer, jamais de ce qui fait déjà notre beauté !

JOUR 349

Petit mot de moi à toi

C'est en écrivant ce livre que j'ai réalisé que ce n'est pas l'inspiration ou la motivation qui me manquent lorsque vient le temps d'aider les autres... C'est plutôt lorsque vient le temps d'appliquer mes propres conseils que j'échoue ROYALEMENT. Mon Dieu que j'ai peur de déplaire, de décevoir ou de ne pas en faire « assez »... au point de m'oublier, de dépasser les limites et de m'épuiser... Au terme de ces 365 jours, je peux te dire que pour la première fois de ma vie, la petite Fredee enjouée a osé laisser tomber son masque pour faire preuve de vulnérabilité. J'ai osé dire que j'étais épuisée, surmenée, et que pour une fois, je choisissais de penser à moi en premier. On a beau vouloir sauver le monde entier, des fois c'est nous qui avons besoin d'être sauvés, aidés, aimés, encouragés.

JOUR 350

L'important est que tu donnes **TOUJOURS** ton 100 %, considérant que celui-ci est sujet aux changements !

JOUR 351

Un jour, tu réaliseras que c'est possible de donner toute ta confiance à quelqu'un et d'avoir une relation amicale saine. Cette personne qui pourra vraiment t'apprécier à ta juste valeur, si tu lui donnes une chance, c'est toi !

 **JOUR 352**

UTILISE LE BONHEUR DES AUTRES POUR TE RECHARGER. Le rire d'un enfant, le succès d'un ami, la compagnie d'une personne que tu aimes : le bonheur est une source d'énergie inépuisable.

 JOUR 353

Donner de l'amour,

c'est **semer**

le bonheur.

JOUR 354

Visite une exposition QUI T'INTÉRESSE (musée, galerie d'art, centre des sciences, Temple de la renommée du hockey, etc). Tu verras, c'est beaucoup plus amusant quand elle n'est pas obligatoire. ;)

JOUR 355

Danielle Gareau, mère aimante

« Le positif attire le positif... d'où l'important de s'entourer de gens qui nous font léviter, nous propulsent vers le haut et nous font sentir que tout est possible. Main dans la main, avec les bonnes personnes, on est beaucoup plus forts et solides sur nos jambes et on peut aller encore plus loin. » Merci de me tenir la main aussi souvent, maman. <3

JOUR 356

« La fierté est la plus belle des choses, car elle est synonyme du travail accompli. »

Paroles d'une personne qui m'inspire plus de 365 jours par année !

JOUR 357

Sois fier de ton intensité, de ta générosité et de ton grand cœur. Oui, tu auras peut-être le cœur meurtri plus souvent, mais tu auras aussi le bonheur de vivre les bons moments tout aussi intensément !

JOUR 358

NE TENTE PAS DE CONTRÔLER L'INCONTRÔLABLE.

Tu fais de ton mieux, la résultante
ne dépend pas de toi.

JOUR 359

Les réseaux sociaux sont devenus un endroit
où presque tout est planifié, modifié et publié
dans un but précis : plaire et vendre. Alors, ne
t'étonne pas d'être un peu désillusionné si ton
fil d'actualité correspond à tes attentes et que
la réalité vient t'assommer brutalement quand
tu lèves la tête de ton écran.

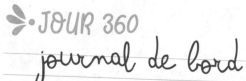

JOUR 360

journal de bord

MOMENT DE MOTIVATION

Rappelle-toi tous tes accomplissements de l'année en feuilletant les pages de ce livre. Prends le temps d'être fier de toi, de dire #MerciLaVie et pose-toi la question : Quels sont mes rêves et mes objectifs pour les 365 jours à venir ?

1.

2.

3.

F aire une sieste : où tu peux,
quand tu peux, ne serait-ce
que le temps de fermer tes yeux !

Il faut savoir faire de son mieux,
au meilleur de ses capacités.

**❝ HAKUNA MATATA !
C'est-à-dire :
PAS DE SOUCIS ! ❞**

PHILOU
jeune homme autiste
et exceptionnel, mon frère

JOUR 363

**LAISSE-TOI EMPORTER PAR
UNE VAGUE IMPRÉVUE**
qui te sortira de ta zone de confort
et t'amènera à explorer de nouveaux
horizons. Parce que ça fait du bien
de ne pas tout scénariser à l'avance.
Parce qu'on mérite tous de se
laisser guider par la vie de temps
à autre. Parce que ça pèse lourd
sur les épaules que de chercher à
tout contrôler. Parce que, souvent,
les plus beaux événements se
créent de façon spontanée.

JOUR 364

Petit mot
de moi à toi

Si tu savais à quel point j'ai
souvent eu envie d'abandonner.
À quel point je me remets en
question, même si je passe mon
temps à encourager les gens à
croire en eux (allô, le cordonnier
mal chaussé!). Eh bien, au terme
de ces 365 jours de positif en
condensé, j'ai eu droit à la plus
belle des leçons de vie. J'ai décidé
d'enfin respecter mes limites
que j'avais dépassées depuis belle
lurette - JE SUIS BRÛLÉE - et
de me donner congé. Pour être
entièrement honnête, on m'a
plutôt forcée à arrêter... avec
raison. Oui, mon objectif est
d'aider le plus de gens possible,
mais je dois aussi apprendre à
suivre mes propres conseils. Je
voulais tellement réussir dans

toutes les sphères de ma vie que je ne réalisais pas que j'échouais dans la plus importante : prendre soin de moi. Au moment où j'ai enfin décidé de suivre ma devise « Fais-le pour toi » et de me prioriser, tout s'est mis à débouler ! Comme si la vie était fière de moi...

On m'a entourée d'amour, j'ai eu droit à des témoignages de compréhension et non de jugement. Ceux que je croyais décevoir en annulant des engagements m'ont plutôt soutenue, j'ai décidé d'investir dans mes passions et de suivre des cours de perfectionnement avec des gens que je trouvais inspirants, et, en date d'aujourd'hui (21 h 17 un 23 avril) j'ai réalisé d'incroyables projets parce que j'ai osé essayer quelque chose de nouveau malgré la peur de me ridiculiser. Pour la première fois, je me suis écoutée, tout simplement.

JOUR 365

Apprends à t'aimer et t'accepter au complet.

Trouve des gens qui vont aussi t'aimer et t'accepter sans réserve.

Crée tes propres opportunités, mais n'aie pas peur de laisser la vie te guider. Fonce, fais-toi confiance, mais ose faire preuve de vulnérabilité.

Que ce soit une fois par jour ou 365 jours dans l'année : laisse-toi inspirer, garde du temps pour toi, prends le temps d'apprécier les petites choses de la vie, mais surtout, amuse-toi.

Crée la recette de ton propre bonheur en utilisant les saveurs qui sont à ta disposition.

Tu as terminé ce livre ! SOIS FIER DE TOI, C'EST LE TEMPS D'EN PROFITER !!

(DROP THE MIC / OR THE BOOK) -> Je devais évidemment finir sur un mauvais jeu de mots... -_- rester fidèle à soi-même, n'est-ce pas ? ;)

Allez, FAIS-LE POUR TOI !